吴世渊 著

大宋台州城

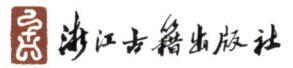

浙江古籍出版社

州治
臨海縣
天台縣
仙居縣
界
華頂峯
護國
常豐
飛泉市
寒岩
翠屏
興教
杜潭
大石
青嶺
百步
新羅山
望海
東湖
後嶺
懷義橋
交禮橋
紫洋
智者泉
真覺山
大陳田
小陳田
方家衙
西溪
西
赤湖
大嶺
靈江
中津橋
同家山
下渡
東門嶺
關界橋
唐家渡
帽岩
南溪
閬石
巨石
桐林
黃皮山
水簾
孝泉嶺
亭嶺

宋代台州州境图（陈耆卿《嘉定赤城志》）

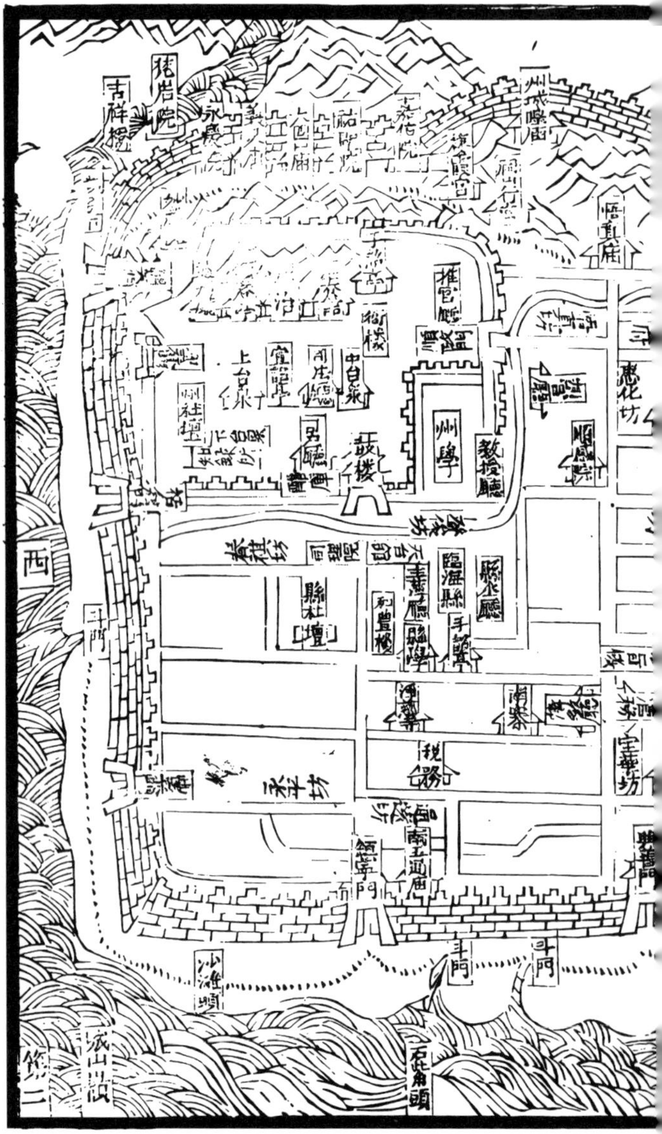
吉祥觀
猪岩院
州城隍廟
推官廳
上白泉
州社壇
州學
教授廳
鼓樓
西
臨海縣
縣社壇
縣學
惠化坊
稅務
斗門
小海頭

宋代台州罗城图（陈耆卿《嘉定赤城志》）

序

郑嘉励

临海，历来是吾乡台州的州（府）治和唯一的附郭县，说它是台州乃至浙东之"人文渊薮"，不会有争议。30年前，台州行署中心从临海搬到椒江。"州治"搬走了，但历史搬不走，城墙、子城、古塔和老街区搬不走，"中国历史文化名城"的称号也搬不走。

古人创造的历史，有的保留在历史文献中，有的以文物形式保留至今。尤其是后者，即有文物与文献互补的部分，才是更有温度、可体验的历史，更具备古为今用、文旅融合的前景。临海是历史文化名城，城墙纳入"中国明清城墙"联合申遗的预备名单，我们总不能拿着书本去申报历史文化名城或世界文化遗产，说根据古书的记载，我们的城市历史悠久、城墙巍峨、市井繁华，只可惜，今天都不见了。

从这个角度说，临海的历史或许不及绍兴悠久，其地理位置或许也不及唐宋以来的杭州重要，但在浙江的历史文化名城中，临海仍然是占有重要地位的。

作为州治，临海的城墙保存最好，绍兴和杭州城早已荡然无存，衢州和丽水只在沿江一线尚有断续保存，而临海古城墙，三面合拢，古色古香。至于历史街区，全省再也找不到比紫阳街、西门街更好的地方了。子城附近的坊巷街道，风貌古朴，格局完整，每隔一段距离便有一面高高的坊墙。沿街的杂货店、小吃店，各种店毗邻而居，鳞次栉比。路面由石板铺就，有人漫步，有人下棋，有人打牌；沿途的叫卖，孩子的嬉闹，还有身穿汉服的红男绿女……这样的市井，一头连接着深邃的历史，一头连接着活泼的今天，没有人会不喜欢。

还有城内的巾山，山下的龙兴寺和千佛塔，在山顶并立的大、小文峰塔，乃府城观瞻所系。城里的人，一抬头，便是双塔对峙。城郊的东湖，是个精致的园林，城里的人，来此小憩。这样的景致和生活，没有人会不喜欢。

除去府城，临海更有广袤的乡镇和田野。桃渚所城、涌泉延恩寺和杨栋墓的出土文物、东塍岭根村的传统村落和民居、梅浦的青瓷窑场、遍布全境的先贤史迹、口耳相传的历史记忆和世代传承的传统习俗……凡此种种，与浩如烟海的历史文献，一并构成临海历史文化遗产之主体。

文化遗产承载灿烂文明，传承历史文化，习近平总书记说："让收藏在博物馆里的文物、陈列在广阔大地上的遗产、书写在古籍里的文字都活起来。"这是时代的号召，也是新一代文化人的使命。而让临海文化遗产活起来的路径，首先是讲好临海故事，让人们对历史典籍、文物古迹产生浓厚兴趣。

讲好故事的路径，可以进一步分解：作为县域，临海的历史文化典型性和辨识度体现在哪里；作为历史文化名城，临海的文化地标有哪些；上下五千年的临海史，哪个时代应该优先讲述。

相对于台州其他市县，临海的典型性在于它是区域性的政治和文化中心；临海最有辨识度的历史文化标识，是临海古城和城墙。

唐代以前，浙东是以中原为中心的王朝的边缘地区，

"浙东唐诗之路"以及骆宾王、郑虔的掌故固然精彩,但在人文初兴的时代,本地的历史人物、文献史料和文物古迹,都算不上丰富。用时髦话说,做唐代以前的临海文章,"抓手"不够。

五代吴越国至北宋时期,社会始有长足进步。宋室南渡后,临海作为"辅郡",政治、经济、文化空前发展,到达传统社会之顶峰。宋元以降,临海的历史不乏闪光点,但毕竟又回归边缘,与南宋一代的人物风流相比,逊色不少。果如是,讲述临海故事,最优先当是两宋时期,尤其是南宋。

临海的宋代历史文化,取其荦荦大者,不妨归纳为四点:

一、临海古城的格局和特色,由宋代定型并发展而来,且存续至今。严复先生说:"若研究人心政俗之变,则赵宋一代历史最宜究心。中国之所以成为今日现象者……而为宋人之所造就,什八九可断言也。"临海城,正是宋代文化近代性的体现。

二、南宋时期,临海人物最盛,"一皇后五宰辅"的旧说,即指谢廓然、陈骙、谢深甫、钱象祖、谢堂五位宰辅，以及宋末的谢皇后。其实远不止于此数，吕颐浩、范宗尹、陈与义、翟汝文、贺允中、王之望、钱端礼、杨栋等乡贤或寓贤，均位居宰执。至于往来临海的名宦大儒，如谢克家、尤袤、朱熹、唐仲友等，更不可胜计。一代人物，于斯为盛，为其他时期所望尘莫及。

三、以梅浦窑青瓷和赵汝适《诸蕃志》为代表的海外贸易。临海青瓷烧造于北宋，作为外销商品，是吴越国在浙江鼓励发展海外贸易政策的延续；赵汝适《诸蕃志》是南宋在"背海立国"的背景下，朝廷、地方官府和民间合力推动海外贸易和对外文化交流的集大成之作。明清时期，国家的海洋政策从开放转向封闭，《诸蕃志》愈发显现出其可贵和伟大之处。

四、士大夫典雅的生活方式和丰富多彩的市民文化。清代的道学家说，宋朝甚好，唯独两件事不好，一是女子改嫁，二是士大夫死后不归葬故里。虽为戏言，倒也颇能说明相对于明清时期的"肃杀"氛围，宋代社会更加自由和宽容，故而能贴近人心。从宋代临海的文学、艺术、宗教、商业、美食、娱乐，都能看到当时的文化和日常生活日趋平民化、世俗化、人文化的特征。今天的许多年轻人在历朝历代中最喜爱宋朝,原因或在于此。

吴世渊兄供职于《台州日报》专副刊,热爱文学,也热爱临海和台州的历史文化。虽说"文史一家",但既要确保历史的真实和严谨,又要写出个人的性情、趣味和关怀,绝非易事。

我第一次见到吴世渊,是2016年在黄岩发掘南宋赵伯沄墓期间。当时他刚参加工作不久,前来采访我。我有夜跑的习惯,于是约在黄岩九峰公园见面。那晚天气闷热,他从椒江过来,风风火火,连珠炮般地提问,从考古发掘经过到赵伯沄的生平事迹,甚至冒昧地问我:"那些文物值多少钱?"我只好说:"我不做买卖,不知道多少钱。"但他的热情、真诚和冒失打动了我,让我仿佛看到年轻时代的自己。话题从赵伯沄开始,后来说到我对考古、历史、学术和人生的看法,我甚至说起自己来自农村,如今生活在城市,本质上还是谨小慎微的农民,但愿能在工作和生活的历练中让自己进化为勇敢的人。

我们在公园里边走边聊,忽然看到一条蛇,扭曲着身体,在路上前行。我说:"耶,蛇。"他说:"哦,这么大。"然后，我们视若无睹，继续聊天。那个晚上，他的好奇和热情感染我，我的讲述似乎也能感染他。此后，尽管平常不多联系，但我每次出新书，或者到台州图书馆做讲座，他都不曾缺席，每次都在报纸上写文章，情谊可感。他视我为文字上的师长，而我希望他善待自己的天赋，寻找适合自己的领域，持续深耕，多写文章。好文章是用心、用时间、用积累打磨出来的。

后来，我果然读到了他的更多文章，例如近年在《台州日报》开辟的"世渊说史"专栏和这本新书《大宋台州城》。他的资料搜集能力、分析能力和表达能力越来越好，他是以肉眼可见的速度成长起来的。

吴世渊是记者，也是作者。记者以为读者提供准确、有效的信息服务为职责，而作者看重自我的思想、情感和趣味的表达。谁都无法说清楚，在为读者服务和自我表达之间应该拿捏怎样的分寸。这种微妙的平衡感，即所谓"分寸感"，是最高级的东西，取决于写作者的天赋和价值观。

《大宋台州城》全面而客观地展现了宋代临海的政治、经济和文化，这是临海浓墨重彩的时代；同时展现了作者的趣味和才华，以及他在写作"分寸感"上的进步。是的，《大宋台州城》展示了具有辨识度的临海历史文化，又为讲好临海故事提供了丰富多彩的样本。换言之，吴世渊为讲好以县域为单位的历史文化故事，奉上了可供大家研讨、借鉴的文本。

这两点都很重要：在于临海，终于收获了具有说服力的好成果；在于吴世渊，他以此证明了自己是个好记者，也是个好作者。

目录

读城记　　1

城墙　　3
子城　　15
坊市　　21
百万人口　　27
庙与祠　　33
科举鼎沸　　40
州学　　47
上蔡书院　　55
巾山过客　　59
东湖园林　　64
留学僧的好学校　　70
探秘梅浦窑　　79
钱荒与纸币　　84
商人群体　　88
购物指南　　95
福利制度　　100
城市保卫战　　104
假如穿越回南宋的台州城　　109

读史记　　117

宋高宗驻跸金鳌山　　119

钱王铁券的时光漂流	128
朱熹弹劾唐仲友,背后水很深	138
《嘉定赤城志》中的宋朝趣事	161
《夷坚志》里的台州故事	165

读人记   171

知州	173
侨寓名贤	178
状元郎	185
藏书家	190
紫阳真人与《悟真篇》	197
陈克的柔与刚	204
陈良翰与陈骙	213
二徐先生	219
朱熹与台州	223
唐仲友造桥刻书	229
陈耆卿与《嘉定赤城志》	238
赵汝适与《诸蕃志》	245
平民宰相谢深甫	253
谢道清的故国与故乡	260
杨栋墓与延恩寺	266

后记   271

注释   277

读城记

对于宋朝,历史学家陈寅恪这样评价:"华夏民族之文化,历数千载之演进,造极于赵宋之世。"其实,把主体范围缩小至『台州』,这句话亦成立——吾台州之文化,于两宋时登峰造极。

在台州的历史中,没有哪个时代能像宋朝这样,重视文教,关注民生,商业与海外贸易发达,市民生活风雅、富庶。

城墙

北宋庆历五年（1045）六月，天降暴雨，海潮倒灌，水漫台州城。洪水冲垮了城墙，淹没官府、寺院、民宅，数千人因此丧命。幸存者躲在山谷之间，茫然不知所措，只能相视而泣。

如此灾难，有司震惊。使者田瑜赶往台州视察灾情，惨状不忍卒看。人们衣衫褴褛，住在潮湿的草舍里，吃腐烂的糠籹。街上，横尸遍地，无人收拾。灾后，由于物资短缺，人性恶的一面被激发出来，偷盗、抢劫等时有发生。

这样下去可不行。田瑜亲自出面安抚百姓，从邻县调度来衣食，分发给灾民，并告诉大家，不要害怕，不要伤心，一切都会好起来的。

台州的水灾，很快上报到朝廷。朝廷认为，这是暴雨过后，水流排泄不及时导致的，便将重建台州城的任务，责成于各级地方行政机构，凡台州所求必应。

主持修城工作的，是太常博士彭思永，朝廷命他代为掌管台州。彭到任之初，将死者逐一安葬，并写悼文祭奠。有百姓家中贫困，造不起房子，他便派人去伐木，运来木材帮助盖屋。

安顿好民生，彭思永开始修城墙。这是一项浩大工程，须动员四县之力。彭思永这样分工：西北隅由黄岩县令范仲温（范仲淹的兄长）负责，西南隅由临海县令李匄负责，东南隅由宁海县令吴庶几负责，东北隅由临海县尉刘初负责，城中建设由仙居县令徐起负责。为确保施工安全有序进行，还配有稽查人员和监工。[1]

于是，在各方努力下，历时3个月，城墙终于完工。官吏们坐在一起商量，认为现在的城墙是夯土墙，若遇到大洪水，恐怕很难抵挡，不如给墙身包砌陶砖，以增加坚固度。范仲温提议，石块比陶砖更硬，不妨两者兼用。他的方案获得一致认可。

第二年（1046），新知州元绛到任。此时民生稍有复苏，城内百废待兴。元绛取出州库资金，盖了几千间屋子，让百姓居住，给了大家三年的偿还期。又购置材料、招募工人，对城墙环周表里，均砌上砖石。新台州城建成后，在外流浪的人们也逐渐回到了故乡。

新城内外有9座城门，城门上建有城楼。东边是崇和门。西边设3门，从北往南分别是朝天门、括苍门、丰泰门。南边设3门，从东往西分别是镇宁门、兴善门、靖越门。内城，即子城，位于州城西北，为台州衙署所在，东西各有顺政门、延庆门。[2]

家园得以重建，台州人感念元绛的功绩，击节而歌："惟君忧乐兮与民共之，天惠其宁兮无以君归。"

元绛听后，谦逊道："予断断然一介臣，素性狷直，重以蹇连之分，孤鸣自哀，而朝廷不加诛，犹名为二千石，幸为僚诸君皆文学政事之选，交修补察，以裨不逮。"[3]——我不过是一介微臣，幸好有诸君匡助，才不至于失职罢了。

临海修建城墙的历史，最早可追溯至东晋。元兴元年（402）三月，五斗米道起义军首领孙恩进攻临海，郡守辛景在龙顾山筑子城，凭地利据守，击退孙恩。因而，辛景将龙顾山命名为大固山，意为固若金汤。

从当代的考古发掘情况来看，台州府城靖越门东侧的城墙，出土了汉魏六朝的墓砖、青瓷器等，说明在六朝时期，临海城已有相当规模的聚落。[4]

唐武德四年（621），唐将杜伏威大败李子通，江浙一带被纳入唐朝版图。临海郡改置为州，因境内有天台山，故名台州。临海县成了台州的州治所在。

传说，台州的城址，由术士李淳风所择[5]，多少有些牵强。李淳风生于隋仁寿二年（602），设置台州那一年，他才十九岁，尚在李世民帐下做谋士，断无可能为台州做城市规划。事实上，早在隋开皇十一年（591），台州境域的行政中心，就从椒江北岸的章安，搬迁到了临海大固山。

但话又说回来，台州城的选址，确实与传统风水堪舆术相符。州城处于山水盆地之中，西南环灵江，东有"山水窟"，后成东湖，北靠千仞大山，背山面水，负阴抱阳，实乃藏风聚气之福地。

除了风水，军事防御是古代城市选址至关重要之考量。明代地理学家王士性评价，两浙"十一郡城池，唯吾台最据险"。灵江为天然护城河，北山为天阻，一夫当关，万夫莫开，辛景逼退孙恩就是最好例证。

再从江河水系上来看。台州城是"五水汇聚一堂"的格局：北边天台的始丰溪、西边仙居的永安溪，在三江村附近交汇成灵江；发源于尤溪双坑牛岗的义城港，从州城东南注入灵江；源自小芝的逆溪和源自金竹东北麓的大田港合流，在州城东与灵江相汇。优越的水利条件，既给州城人民提供充足的生活用水，亦可作为便利的交通航道。

水是上天的恩赐，却也包藏祸患。夏秋之际，每当暴雨连连，5条河流便化成了5条奔涌咆哮的孽龙。五龙共聚于盆地，若不及时入海，滔天之力便会令台州城变成"水城"。

因此，自武德四年（621）建城伊始，台州城便筑起城墙，不光是出于军事考虑，更是将其作为抵御水灾的防洪坝。

晚唐诗人许浑曾泛舟灵江，写下"南郭望归处，郡楼高卷帘"的诗句。南郭，即南边的外城墙。

唐代至北宋早期，台州的城郭应当都是土墙，防洪能力有限。而庆历五年（1045）那场大洪水，令台州人痛定思痛，不惜下血本，也要给城墙披上"盔甲"——即用砖石全面包砌城墙。

如此工艺，确实令城墙坚固许多。然而，在自然之力面前，人类的努力又显得如此渺小。庆历水灾才过去九年，到至和元年（1054），大水来袭，城墙再度崩塌，城内汪洋一片。

有宋一朝，史料记载的水灾共7次，除庆历、至和年间的2次外，还有北宋嘉祐六年（1061）、北宋政和二年（1112）、南宋淳熙三年（1176）、南宋绍定二年（1229）、南宋淳祐十二年（1252）。史书上简短的一行字，"漂室庐，死者以万数"[6]，就是无数家庭的灭顶之灾。

每经历一次水灾，城墙就要修葺一次，在原有基础上增高补缺、加宽加厚。有的官员为了防患于未然，在任期间，大兴土木工程。熙宁四年（1071），知州钱暄将东城墙向内迁移了一里地，又在城东开凿东湖，以起到蓄洪的作用。此次城墙内迁，也基本框定了台州城的格局。淳熙二年（1175），知州赵汝愚大修城墙，累计用工15376，用钱207900贯，用米4600石。[7]

南宋时，台州城墙颇具规模，周长约18里，小于越州（24里），与明州（18里）相当，大于秀州（12里）、婺州（10里）等。[8]《嘉定赤城志》作者陈耆卿这样描述："萦纡演迤，环拱其郛，岩光川容，吞吐掩映于烟云缥缈之际，真足以奠城社，表宅里，聚廛市，以雄跨一方矣。"[9]

纵观城墙的修筑历史，就是人与洪水反复拉锯、拔河的历史。既然水患无法根治，"有识之士"就提出，为什么不迁城呢？持这种观点的代表人物，是绍定年间（1228—1233）任台州通判的陈观。

绍定二年（1229）的大水后，陈观专门写了一篇《筑城议》，大概意思是说，庆历年的水灾，已隔百年，不可谙详，绍定年的大水，却是摆在眼前的事实。自古城邑，因水圮坏的，只听说迁居能避祸，还没听说过靠修城能挡住水灾。为了我们的子子孙孙，应尽快搬离此地。

当然，陈观的主张并未获得认同。临海乃州治所在，要废弃旧城，择地另辟新城，谈何容易？更何况生于斯长于斯的人们，对故乡有情感上的眷恋，若非万不得已，

每经历一次水灾,城墙就要修葺一次,在原有基础上增高补缺、加宽加厚

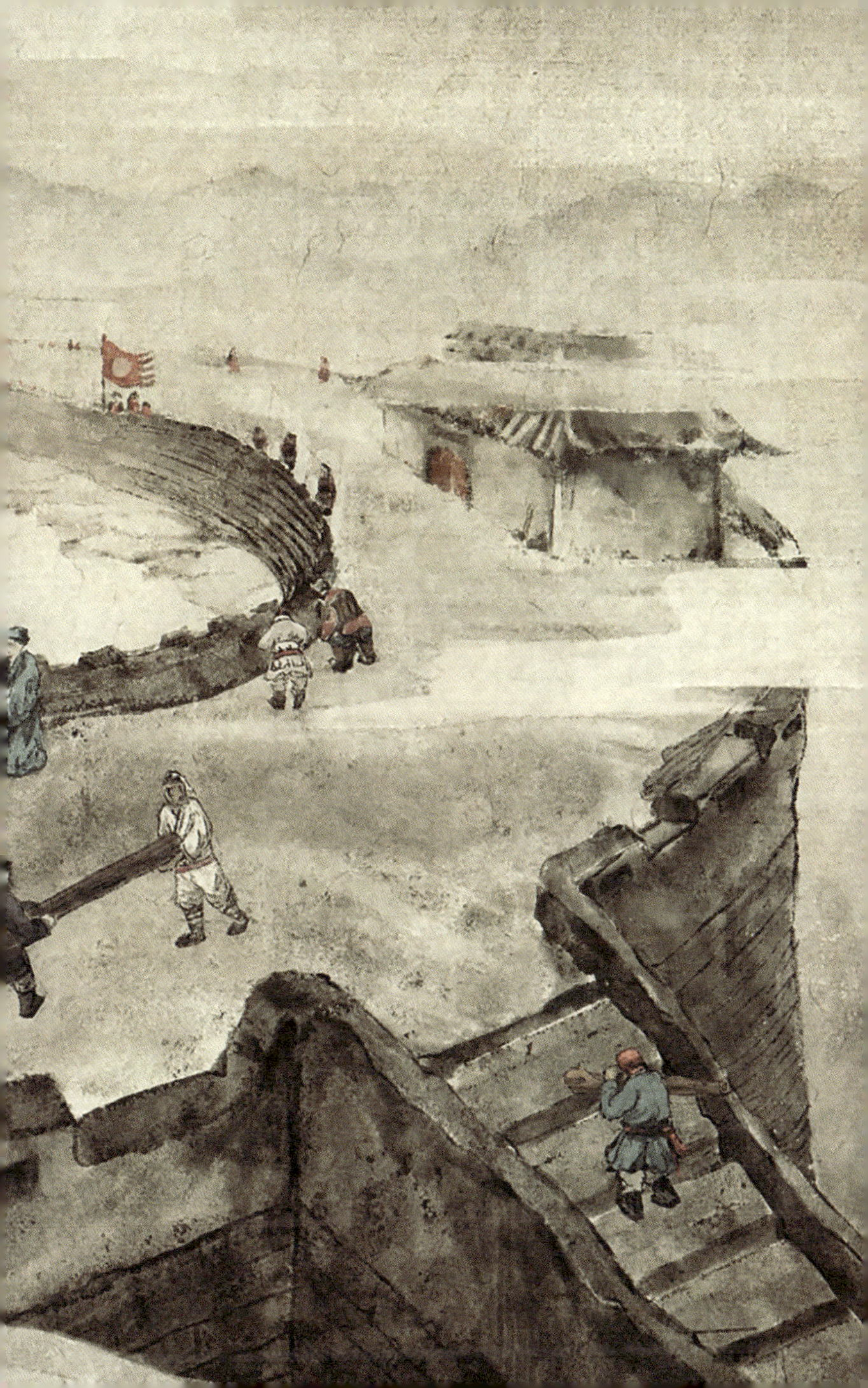

断然不可能离开。陈耆卿还为此写了一篇《上丞相论台州城筑事》，予以驳斥。

因而，人们只能在修筑城墙方面继续下功夫。比方说，在城墙外侧的墙根处，筑起高台，以防洪水直接冲击墙基。这种高台，名为"捍城"。捍城外侧的江水中，又布桩加固，在各桩之间垒砌石块，筑成长堤，用来保护捍城。这种长堤，名为"护城"。层层设防之下，台州城墙可谓"武装到牙齿"。

水灾虽时不时发生，但更多时候，城墙确实阻隔了洪水，护一方平安。

同时，城墙也起到了军事防御作用。两宋三百年，台州城经历了两场战争。一场是北宋末的方腊起义，仙居摩尼教首领吕师囊率部响应，数次攻打台州，屡战屡败。另一场是德祐二年（1276）的元灭宋之战。

元朝初年，蒙古人毁尽天下城墙，以防汉人踞城反叛。江浙一带的州县城墙尽遭拆毁或废弃，唯有台州城墙，因其防洪功能而得以幸存。元代周润祖《重修捍城江岸记》记载："皇元大一统，尽隳天下城郭，以示无外，独台（州）城不隳，备水患也。"

城墙可免，子城难逃。在元军攻占台州过程中，子城墙毁于战火，往后再未复建。

元代至清代，有史可查的修缮城墙有10次，元代方国珍、明代戚继光、清代江承玠等都曾主持修缮过城墙。他们在城墙上留下了各个年代的铭文砖，以及"一竖一横""人字砌"等砌筑工艺。城墙越砌越厚，一圈一圈，如同年轮。

20世纪50年代，城市化进程席卷全国。国内绝大多数古城的城墙，就在这一时期拆毁。当年，得知北京城墙要被拆除时，古建学家梁思成悲痛欲绝，失声痛哭。

1958年，因为市区的东扩，临海东边的城墙被拆除，只留下了崇和门这一地名。其余三面城墙被完整保留，至今仍保持着三面相接的状态。浙江诸州府的古城墙，唯台州保存最完好，有"江南长城"的美名。这并非当地人有多么好的文物保护意识，实则城墙依然肩负重要的防洪使命。台风天时，江水漫灌，城墙就是城内百姓的一道"生命屏障"。

不论出于什么原因，台州古城墙就这么奇迹般地"存活"下来。如今，人们来到临海，行走在古城中，能感受到浓浓的"宋意",其中最重要的元素,就是这绵延千年的古城墙。世事变迁,沧海桑田,城墙却屹立如初。当你拾级而上,登上城墙,见青砖蜿蜒,夕阳照射在雉堞上,雄伟中平添一分苍凉。风穿过城墙的每个缝隙,吹拂到你耳边时,那一声是诉说,还是叹息呢?

台州府城墙

子城

公元948年,除夕夜,杭州吴越国王宫,国王钱弘倧正大宴宾客。他怎么也没想到,八十九岁的大将军胡进思竟身披铠甲,带领一百甲士突然发难,将他赶下了王位。

这场政变,改变了时任台州刺史钱弘俶的命运——按照顺位,作为王弟的他,被立为吴越国的新国主。

传说,胡进思就是在台州子城之南,迎立钱弘俶为新王。[1] 子城为台州衙署所在地,刺史在这里办公。

然宫廷政变,波谲云诡,最恐生变。按照常理推断,胡进思似乎不大可能离开杭州,长途跋涉几日到台州迎立新王。

另一种较为可信的说法是,开运四年(947)春三月,钱弘俶出镇台州,九月即返回杭州,居住于南邸,身兼台州刺史、同参相府事两职。除夕政变发生后，钱弘倧遭软禁，胡进思在南邸让钱弘俶即位。[2]

真相何如，已难知晓。而吴越王钱弘俶与台州子城，便以这一小段传奇故事，记载于地方史志里。

台州子城，按《嘉定赤城志》卷首的《罗城图》看，位于州城西北，与城内巾山呈对角。宋代台州城为子母双城结构，内外有两圈城墙。母城，就是外城墙包围的州城，又称"罗城"。子城，即城中城，子城墙内是衙门，因此也称"衙城"。

台州的衙署，起初在大固山上，凭山势而建，易守难攻。据说，衙署周围垒有高墙，俨然一座小城堡。中唐以后，州衙搬到大固山麓，大约在今台州医院的位置。对于古代城池而言，衙署既是行政核心，又是军事中枢，务必要安置在防御性最强的地方。台州衙署北倚大山，四周建起城墙，东、南两面有州河作壕沟，如此形成了子城。

南宋时，子城东、西、南三面都设城门，分别是顺政门、迎春门、谯门。谯门上有鼓楼，每天有人定时在楼上敲鼓，向全城百姓报告时辰。若有大事发生，也敲鼓警报。

鼓楼里藏有刻漏——这是一种计时工具，又称"水钟"，北宋皇祐四年（1052），由可荣和尚主持建造。刻漏由减水铁壶、箭筹、瓷桶组成。铁壶放在高处，壶底下有根铜管，管上有个小眼，水从小眼流出，滴到瓷桶里，水滴细致而均匀。箭筹竖着放在瓷桶里，桶里水多了，箭筹浮起来，根据它上面的刻度，就可以知道时间。

刻漏在使用过程中，有两个缺陷。一是要不断往铁壶里加水，二是天冷水易结冰导致无法使用。神奇的是，可荣和尚造的刻漏，大寒天都不会结冰。但再好的东西，用久了，难免产生误差。绍兴三十一年（1161）和乾道八年（1172），人们对刻漏进行了重造。[3]

从谯门进入子城，里面就是衙署。宋代的官署建筑，在继承唐代恢弘气势的基础上，追求美观和实用的价值统一，庭院、阁楼、厢堂等井然有序。宋代文化精致内敛，反映在官衙建筑中，就是简约而实用。

子城有"三横"，从南到北，第一横是司户厅、知录所、州社坛等；第二横是司法厅、宣诏亭等；第三横是州治、通判厅、颁春亭等。还有诸多仓库，如常平库、酒库、钱库、银器库、都醋库等。东南角为州学所在，这是台州的最高学府。

州治，是子城的核心，从外到内，依次有仪门、设厅、小厅。仪门东庑是手诏亭，用来公布朝廷的诏敕指挥；西庑的颁春亭，是州县颁布劝农诏敕政令之所。另有清平阁、节爱堂、集宝斋等20余座厅堂，分布错落有致，其间引水凿池、盛植花木，营造出如同山水画般的园林风格。

在《嘉定赤城志》作者陈耆卿眼中，州治是这样一番景象："屋宅多架巉岩，危轩杰阁，旁涌侧出，摘星辰而舞云气，视阛阓百倍。公退暇，杖藜舆竹，清赏幽讨，岂不足以呼吸光润，而增为政之清明哉。"

两宋三百年，有244人（一说241人）担任过台州知州。有的新官上任，就对子城内的建筑进行营建或修缮。《宋会要辑稿》记载，宋代"郡县之政，三年有成；官次所居，一日必葺"。《历代名臣奏议》中亦载，宋代州郡"廨宇亭榭，无有不足。每遇新官临政，必有改作，土木之功，处处皆是"。知州大人们有雅兴，对新建的亭台楼阁，冠以文雅之名。淳熙二年（1175），文学家尤袤到台州任知州。在他任内，建起了匿峰亭、霞起堂等。而匿峰、霞起，分别出自孙绰《游天台山赋》的"匿峰于千岭""赤城霞起而建标"两句。

风流总被雨打风吹去。宋元更迭之际，州治毁于战火，子城墙也被拆除，只剩下一个东城门。元代驻守台州的上万户府副万户石抹继祖在《重修总管府记》中写道："乃南北混一之岁，郡治毁于兵。总管李公宥，度时之宜，立屋数十间，以听民讼，更九政三十有六年。"也就是说，在元朝建立前36年，宋代州治那种宏大规模已荡然无存，仅有数十间屋子，用来解决民事纠纷。直到元至大三年（1310），达鲁花赤（官职，地方的最高长官）也都居帖木儿重建了"凡四百楹"屋宇。[4]

明清时期，子城制度瓦解，州府衙门不再被城墙包围，台州子城不复存在。这样也好，城内有了一条东起崇和门，西至朝天门的东西向商业大街。这条街与贯通南北的紫阳街形成了市民生活的十字轴线。如此街巷结构，一直绵延至今。

子城的东城门，一直被保留着，明末被用作鼓楼。

民国四年（1915），鼓楼毁于一场大火，同年，临海最大的饭店——聚丰园饭馆老板潘绎如募资，在原门台基址上重建砖木结构建筑。新鼓楼采用中西合璧的风格，一、二层的窗户分别设计成半弧形和尖券形，与顶层的中式传统木窗形成强烈反差。民国三十三年（1944），时任临海县县长庄华强为鼓楼题书——"古寿台楼"。

而今，古寿台楼下，人群川流不息。老人、孩子爱坐在门洞里，因为这里冬暖夏凉。在鼓楼下往来的人们，是否带着一分遥想：这里曾经存在过一座多么恢弘的宋代子城？

坊市

宋代的城市是怎样的？

这个问题很难回答。如今的城市，高楼林立，钢筋水泥，古城印记早已荡然无存。仅凭宋代留下的舆图，恐怕难以复原当年的场景。

有一个城市却是例外——台州府城临海，因为这里的千年古城墙、城内的街坊结构，还保存完好。

台州府，是明代以后的叫法，宋代的台州，还未升格为府，且称"台州城"。南宋《嘉定赤城志》的卷首，有一幅罗城图，详细描绘了台州城的全景。拿着这幅罗城图，对比今天临海古城的航拍图，景观大致无差。

宋代台州城被城墙所包围：西边三城门，南边三城门，东边一城门。城东南是巾山，西北是子城。子城外的区域，由15坊、11市组成。[1] 7条南北走向的大街、

10余条东西走向的巷子，纵横交错，如棋盘一般，将城市区域分割成数十个小方块。一个或几个方块，对应一座坊。

坊，是城市里的基层行政单位，类似于今天的社区。一般人自报家庭住址，都会说是某某坊的。南宋淳熙三年（1176），台州发大水，有个大户人家的女孩向渔人求救，说："我是某坊某家女。"[2]

每个坊，都有坊名，一般书写在坊门上，称为"坊额"。宋代多以标志性建筑物、名人乡贤来命名坊额。比如，州学边上的叫"登俊坊"，报恩寺边上的叫"宝华坊"，悟真庙边上的叫"悟真坊"。城内还有两处状元坊，一处在城东，纪念陈公辅上舍考试第一；另一处在城南，纪念叶漂夺得武状元。

始建于唐代的台州城，最初实行坊市制——居民区的"坊"与商品交易区的"市"严格分离。所有交易都必须在市场中进行，市场之外严禁交易。

每当夜幕降临，市里的商店就关门，老百姓各回各家。夜晚实行宵禁制度，坊与坊之间不得串门，违者严惩。据说，晚唐大词人温庭筠就因违反宵禁，被官差痛打一顿。

到了宋代,坊市制逐渐被打破,居民区也可以自由开商店了。城市的主街,南起兴善门,北至悟真庙,即今天的紫阳古街,街道两旁,既是民居,又是店铺,变成了我们熟悉的井市。

不过,作为曾经商业区的"市"依旧存在。城内的人群聚集地,如大街头、小街头、报恩寺西等,都设有集市。西边的朝天门、括苍门,南边的镇宁门、兴善门等城门的内外,也形成了集市。一月或一年当中某个节点,人们在这里进行商品交易,就是所谓的"赶集"。

州城以外也有坊市。城东五里有上台坊,是宋宁宗朝宰相谢深甫、宋理宗皇后谢道清的老家;还有柘溪市、大田镇市、章安镇市等7个镇市,如同今天的乡镇。生活在这里的人,虽算不上城里人,也好歹算个"小镇青年"。

古代虽有"重农抑商"的传统,但在宋朝,政府立法保障商人利益、鼓励商业发展。商人有渠道表达利益诉求,他们的子女也能入学、参加科举。

于是乎,商业化的浪潮席卷宋朝国境,当然也包括

街道两旁，既是民居，又是店铺，是我们熟悉的井市

台州。州城内，不说全民皆商，至少各个阶层的人都参与经商。有人卖粮食蔬菜、鸡鸭鱼肉，有人开餐饮店、旅店，有人做蜡烛、玉器等手工业，也有人从事放贷、典当等金融行业。甚至州衙"仪门之两庑"[3]，都出租给商户做生意——这番图景颇具象征性，意味着权力对商业的包容与妥协。

宋代也不再实行宵禁，北宋名臣赵抃过台州时，曾夜游东湖，赋诗云："主人欲尽行人乐，更向东吴共泛舟。"陆游也有"临海铜灯喜夜长"的诗句。州城最早的"夜经济"由此诞生。

繁荣的工商业，让台州城的人口剧增。文学家楼钥有诗为证："顷年登临赤城里，江绕城中万家市。"

繁华的同时，"城市病"日益突出。因为人口众多，建筑密集，街衢河道被"违章建筑"侵占，船很难通行，车马要转弯却没有空间。官府屡屡禁止，但收效甚微。水污染情况很严重，台州州河，原来有三个不同名称：清涟、新泽、清水，可见当年河水的清澈，到南宋，"皆污壤，通涓流而已"[4]。

火灾问题也防不胜防。南宋乾道九年（1173）九月，台州城内就发生了一场大火灾,大概是城内居民不注意,导致失火。火势凶猛,烧毁了临海县衙、县学,几乎半个城市都遭到波及。临海的县太爷只好命人在废墟上搭简易棚子,将就着办公、办案,假如外头下大雨,里头就下小雨。直到6年后的淳熙六年(1179),县衙才得以重建。

台州城还经历过物价飞涨。台州第一位状元陈公辅,记录了一段他的亲身经历。他年少时,临海物价便宜,"米斗百钱,鱼肉每斤不过三十钱"[5],商品杂物很容易买到。官府的人下班后,经常去喝酒。老百姓生活富裕,没听到过有谁哭穷。南宋初年,国家多事,官吏、军队的开销大,对百姓的需索多,物价一度翻了几倍。

陈公辅觉得城市生活成本太高,就迁居到了乡下。然而,乡村生活的寂寞,商品的短缺,布衣蔬饭的种种不便利之处,又令他经常抱怨。

由此可见,宋代台州城乡资源的差距,还是很大的。

百万人口

宋代时,台州就有百万人口,这是有确切数据统计的。

南宋《嘉定赤城志》的《版籍门》,回顾了历史上台州人口的演进历程:两晋时期,台州不满两万户。唐代武德年间(618—626),增至八万多户。唐末五代,战乱频繁,人口衰减。直至宋代,天下承平,百姓生活富庶,生育的意愿便有所提高。尤其在熙宁(1068—1077)、元丰年间(1078—1085),"户口浸衍"[1]。

宋代每隔一段时期,便会进行一回人口普查。朝廷需掌握各州县成年男丁的数量,修城墙、凿官河需要征发民夫,就按照户籍登记的男丁数量摊派。身丁钱、身丁米、丁盐钱等赋税,也按照男丁数征收。

《嘉定赤城志》记载了两次普查数据,一次是在北宋大观三年（1109），另一次在南宋嘉定十五年（1222），详细记录了台州五县的户口、男丁的数量。大观三年，台州总户口数为243506户，男丁数量为489844人；嘉定十五年，户口总数为261014户，男丁数量为548209人。

宋代的户籍，分成主户和客户，两者的区别在于有无财产（在城镇者有无房屋，在乡村者有无土地），以及要不要缴纳夏秋二税。但无论是主户还是客户，都需服役并缴纳身丁税。

男丁，也分人丁和幼丁（老、废疾）。在宋代，二十至六十岁为人丁（或成丁），需承担赋役。二十岁以下的幼丁，六十岁以上的老丁，还有疾病、身障者，不需要承担赋役。女性则不在统计范围内。

说到底，统计人口是为了完成各种徭役和赋税。如南宋大儒吕祖谦所言："大抵赋役之法，其根本一见于户籍丁数，若户、籍丁、产不定，虽有良法美意，亦无自而行。"[2] 对于政府来说，只有承担赋役的"丁"，才有统计的必要。而实际统计时，会将"老病少壮"的全体男性都统计在内，便于管理，因为幼丁、成丁、老丁的数据会相互流通。据谢深甫所编的《庆元条法事类》记载，"民籍之增益，进丁入老"[3]，被列入县官考核的项目中。

要推算宋代台州的人口数量，有两种方法。一种是以男女比例1:1的方式，将男丁数量乘以2，那么大观三年台州总人口约为98万，嘉定十五年的总人口约为110万。

另一种，是按照一户的人数来统计。每当灾荒年，政府救灾进行人口统计，不分男女老少，通行计籍。有当代学者根据数十个赈济户口数据，得出宋代平均家庭人口数为5.2人。[4]由此计算，大观三年台州总人口约为126.6万，嘉定十五年约为135.7万。

无论按照哪一种计算方法，宋代台州人口达到百万级，应当是事实。

在两次台州各县的人口普查中，以州治临海户籍数最多，第一次是70626户，第二次是73997户。其次是黄岩的63318户和68898户。再依次是天台、仙居、宁海。

宋政府还将"坊郭户"单独"列籍定等"。"坊郭户",即城市中的非农业人口,一般从事工商业。这也意味着,"市民阶层"作为一个独立的群体,正式登上了历史舞台。

《嘉定赤城志》并没有"坊郭户"的数据,不过,我们按照里坊比例,还是能大概推测出城市人口数量。以州治临海为例,州城内有15坊,县域内有15乡44里。城里的"坊"与乡下的"里",是平行的基层单位。假设各"坊""里"户籍数均等,那么按第二次普查数据推算,城内15坊拥有户籍数约为18800户。

有一条记载可以佐证。乾道九年(1173),台州城发生大火,"燔州狱、县治、酒务及居民七千余家"[5]。州东南一里的都酒务与州南一里的税商务都被焚毁,小半个城遭到波及。由此可推断,当时台州城内的居民,应在万户以上。

这是个相当可观的城市人口规模,要知道,同时期欧洲最大的城市,也仅有数万居民。

还有一组有意思的数据。宋代在统计人口时,将方外人士单列出来。据《嘉定赤城志》记载,嘉定十五年(1222),台州有和尚1932人、尼姑320人、道士

124人。

南宋初年,台州有过一次人口迁入。建炎三年(1129),高宗下令,与他一同南渡的文武百官、中原百姓"并以明、越、温、台从便居住"[6]。第二年(1130),一些原在浙东沿海逃难的人,向福建迁移,但因"所至守隘之人,以搜检为名,拘留行李……至有被害者",又重新回到了温州、台州。高宗要求二州予以安排,"不得辄有邀阻"[7]。于是,这些移民成了"新台州人"。

在传统农业社会,土地的产出毕竟有限。相比于杭嘉湖平原,台州负山滨海,沃土少而瘠地多,养不起越来越庞大的人口。于是,当地人向大山大海伸手要土地。一方面,在山区广建梯田,"寸壤以上未有莱而不耕者"[8];另一方面,在沿海一带加紧围海造田,仅嘉定十六年(1223)便有围田、海田47880亩。

从后世的人口统计来看,宋代是台州人口的鼎盛时期。据《赤城新志》记载,明代洪武二十四年(1391),全台州有197468户,780116人,包括男女老幼。到永乐十年(1412),减至133395户,497233人。弘治五年（1492），仅剩72685户，245035口。清代学者王棻认为，明代以人口作为纳税对象，因而各地少报匿报严重。

但不可否认的是，宋代的台州以其发达的工商业、和平宽松的环境，让人口几乎达到了农耕时代的最大承载量。遇到合适的生存环境，人类才愿意繁衍生息，这个道理，放之四海而皆准。

庙与祠

台州府城隍庙，在临海台州府城文化旅游区东北，大固山上，夹在郑广文祠、戚公祠中间。这段山，也被称作"城隍山"。

从"城隍山"大门进入，拾百级台阶而上，就来到城隍庙。正殿匾额上书"沐泽斯民"，殿里供奉着城隍老爷——白面，丹凤眼，长胡子，他是这座城市的保护神。

城、隍二字，意义不同。城，城墙也，即城市外围建起的高墙。隍，城池也，就是城墙外护城的壕沟。有城有隍，城市才安全。

至于城隍老爷，据说是从南北朝时期开始祭祀的。大抵是战乱时期，城里的人们觉得物理屏障不够，还要给心灵加一道保险。

台州城隍庙始建于唐武德四年（621）。这一年，朝廷将隋代临海县境域设置为台州（初名为"海州"，次年更名台州），州治临海。[1] 有州城，乃建城隍庙。

每个地方，都有各自的城隍老爷。比如，杭州的叫周新，绍兴的叫庞玉，宁波的叫纪信，大多是历史上的忠臣良将。老百姓朴素地认为，这些人死后升天，位列仙班，能保一方安宁。

台州的城隍老爷叫屈坦，是三国时期孙吴的尚书仆射屈晃之子。

据《嘉定赤城志》记载，屈晃妻子一晚做梦，梦见与神相遇。后生下儿子屈坦，会法术，能呼风唤雨。

屈坦后来未做官，隐居在台州山中，侍奉老母亲。此后，屈氏在台州开枝散叶，到今天已是临海一大姓，并且是台州现存诸姓中最古老的姓氏。

一个三国时期的人物，为何会成为台州的保护神？

原来，唐代设置台州时，刺史将屈氏故居征用，作为行政办公的衙署。居人宅下，当求人庇护。刺史干脆将屈坦供起来，奉为城隍神。

宋代，城隍被列入国家祀典。地方官员一到任，就要拜谒城隍庙,成为一种惯例。知州与城隍,一个管阳间事,一个管阴间事,各司其职。

据说,屈坦这个城隍老爷当得十分称职,但凡台州遇到水灾旱灾,官民祈祷大多灵验。北宋政和年间(1111—1118),台州大旱,知州范祖述设坛求雨,未久,果然天降甘霖。范祖述上奏朝廷,赐庙额"镇安"。[2]

往后,屈坦的封号越来越长:南宋建炎三年(1129)被封为显祐侯,绍兴八年(1138)追赠"灵惠"二字。乾道四年(1168)又加"昭贶"二字,全称显祐通应灵惠昭贶侯,朝廷在加封的诰词中写道:"与母偕隐,既著一时之令名;于民有功,宜应千载之命祀。"

嘉定十五年(1222),台州知州齐硕将城隍庙修葺一番,搬迁了正殿,又新建祢殿、寝殿。第二年,朝廷封屈坦为显应顺利王,地位可不是一般的显赫。

州一级有城隍庙,县一级也有。宋时台州五县——临海、黄岩、天台、仙居、宁海,各有各的城隍老爷。宁海城隍叫田什,其余四县因年代久远,已不知城隍老爷姓甚名谁。

据《嘉定赤城志·祠庙门》载，除了城隍庙，台州境内还有大大小小的各种祠庙117座，供奉的神祇五花八门。

有的供奉星宿，如三台星祠，始建于隆兴元年（1163）。三台星官，在北斗星群西南方向，共有6颗星，分上、中、下三台。天台山与台州之名就来源于此。

有的供奉山川，如州城的大固山庙、小固山庙、东岳行宫，天台的赤城山庙，仙居的韦羌庙等，源于古人对山川的崇拜。

有的供奉传奇人物，如州城的元应善利真人祠，淳熙九年（1182）由知州唐仲友主持修建，祀仙人王乔；临海的灵康庙，位于县东南20里的白鹤山上，祀东汉术士赵炳（昞）；天台的刘阮庙，建于元祐二年（1087），为纪念在天台山遇仙的刘晨、阮肇二人。

有的供奉古代先贤，如州城的郑户曹祠，祭祀唐代的郑虔，他是台州的文教之祖；临海的萧长史庙，供奉南朝梁文学家萧洽，他曾任临海郡太守，在任时，颇有政声，官至司徒左长史，据当地人讲，每年祭祀他，夏天就没有蚊虫。

有的供奉平民神祇,像临海的蔡大王庙、黄岩的灵感王庙、天台的金相公庙等,一般是平民以忠孝成神。甚至还有供奉石头的,如临海的石新妇庙、黄岩的岱石庙,都是长得奇异的石头,被老百姓当成神来崇拜。

"惟灵是信"是中国自古沿袭的信仰特征,从宋代的台州就可见一斑。民间信仰的神祇数量众多、类型多样。大部分神灵,仅在当地崇拜,"势力范围"仅方圆几十里,极少有重合的。

老百姓祈灵求福,目的很实际,无非是远离灾厄、实现梦想。官员灾年拜一拜,希望上天有好生之德,体恤邑民。读书人赶考前拜一拜,希望早日考取功名。农民播种时拜一拜,希望今年有个好收成。商人出门前拜一拜,希望此趟平安发大财。

既然这些神祇与百姓日常生活有利害关系,那么灵验与否,就成为崇祀的标准。灵则香火不绝,官方为其"加官进爵",赏赐各种封号。不灵则要被拉出来责难。据南宋《临海县灵康庙碑》记载,北宋庆历六年至八年(1046—1048),台州夏天大旱,知州元绛将一尊神像抬到自己的官衙，锁在屋里，发誓："三日不雨则毁庙！"[3]

《临海县灵康庙碑》中，还记载了一个有趣的传说。有一年，台州闹饥荒，灵康庙的赵炳显灵，救一方百姓。别的神祇通常会降雨，让百姓获得收成。你猜赵炳怎么做？他幻化成人形，出现在福建、广东米商面前，告诉他们，现在台州米价很高，到那边做生意，肯定能赚钱。10天后，米商们运载着大批粮食来到台州。[4]

这是商品经济发达地区才有的浪漫故事。神祇利用了市场机制，在当时商品价格信息传递相当慢的情况下，扮演信息传播者的角色，帮助民众躲过了危机。

许多唐宋时期的民间信仰流传至今。台州城隍庙自嘉定十五年（1222）齐硕修整后，八百年未挪过位置。与赵炳相关的两块宋碑，旧立白鹤山，今藏于永丰镇坊前村翔龙庙内：一块是《临海县灵康庙碑》，系绍兴元年（1131）石公孺所撰；另一块是《重修灵康庙记》，系庆元五年（1199）许兴裔所撰。

如今，我们走进台州府城隍庙，祈福之人依然络绎不绝。庙内有一棵古樟树，植于隋代，一千四百岁高龄。

它曾遭遇雷击,树干被天火劈去大半,通体乌黑,竟然生机未灭,余荫犹存。树前的围栏上,系着无数红丝带,人们在这里求健康、求学业、求姻缘。

　　人性是不变的。千百年前的古人与千百年后的今人,有什么区别呢?

科举鼎沸

熙宁五年（1072）七月十七日，来自日本的成寻和尚，记录了一则他在台州城内的见闻。

他是这样写的："明州秀才四人来宿。予问司理官子秀才明州秀才来由，答云：'明州、温州、台州秀才并就台州比试取解，约五百来人已上，取十七人，将来春就御试，取三人作官。五百人秀才中只取三人给官。天下州府军镇秀才约廿万余人，春间御前比试，只取三百人作官。'约千中取一也。"[1]

成寻远渡中国，来到台州，是为了巡礼天台山。他在天台、临海共待了60余日，将每日见闻都写在日记中。而这一天，他见到了前来台州应试的明州秀才。

台州举办的考试，叫解试，亦称州试，一般秋季八月举行。考生需考四场：第一场考大经（《易官义》

《诗经》《书经》《周礼》《礼记》），第二场考兼经（《论语》《孟子》），第三场考子史论，最后一场考时务策。考试合格者为举人，有资格前往尚书省礼部参加省试。

从成寻与司理官的问答来看，这一年，明、台、温三州的州试考点，设在地理位置居中的台州。参加考试的秀才有500多人，取17个举人，第二年春天前往汴京参加省试。

省试一般在二三月进行，因此也叫"春试"。考试内容与州试差不多，但难度要大许多。开考前几日，考官要被锁在贡院里，避免与外界接触。考生进入考场后，对号入座，与考官一样不得离场。交上去的每一份试卷，考生的姓名、年龄、籍贯等个人信息都要密封。试卷内容要经专人抄写副本，校对后，送给考官评阅。如此最大限度地避免考官徇私。

省试的优胜者，拟录取进士，礼部将名册送呈皇帝审核，审批后参加殿试，也就是御前比试。殿试一般在省试发榜后10天左右举行，不再淘汰考生，只定排名。殿试后，分三甲放榜。一甲赐"进士及第"，只取三名，第一名状元,第二名榜眼,第三名探花。二甲赐"进士出身"。三甲赐"同进士出身"。

而从台州出发去京城考试的17个举人,按照比例,大概只有3人能考中进士。全国的秀才有20多万,每一次考试,只有300人能当进士。成寻感叹:约千中取一也。他的记载,也可看作北宋科举的一个截面。

事实上,在熙宁六年(1073)的省试与殿试中,有3个台州人考中进士,分别是王磻、方洵直、张希甫。[2] 其中,王磻官至少府玉册官,他擅刻碑碣,后为司马光刻了墓前的神道碑。

科举制度自诞生起,就给了读书人一条上升的渠道。然而,在相当长的一段时间里,"朝为田舍郎,暮登天子堂"更像是一个美好的童话故事。

在唐代,政治几乎被贵族所垄断,虽有科举制,但借此进入官僚阶层的平民屈指可数。台州仅有两位唐代进士,一位是项斯,唐会昌二年(842)进士,受诗人杨敬之赏识,留下"逢人说项"的成语;另一位是孙郃,唐乾宁四年(897)进士,《全唐诗》《全唐诗补篇》存留了他7首诗。

到了宋代，形势一变。"升入政治上层者，皆由白衣秀才平地拔起，更无古代封建贵族及门第传统之遗存。"[3]

不过，北宋时，台州进士数量并不多，仅33人，居浙江11州最末位。据《嘉定赤城志》记载，宋代台州第一位进士，是黄岩人杜垂象。

北宋进士中，出名的有临海县人杨蟠，庆历六年（1046）进士，他曾与苏轼共事，苏东坡任杭州知州时，他任杭州通判，二人一同疏浚西湖，还在湖上构筑了一道长堤。宁海县人罗适，治平二年（1065）进士，任两浙提刑官时，他动员黄岩县百姓疏导8乡官河90里，沟通大小支流936条，并在内河分段筑堤，建造了6闸，以控制水量，当地70多万亩田地得到灌溉。"黄岩熟，台州足"的民谚，从此流传开来。

还有一门"父子四进士"的情况。临海县人方瑗，是皇祐五年（1053）进士，他的三个儿子，方洵武、方洵直、方昌武，分别在治平四年（1067）、熙宁六年（1073）、元祐六年（1091）考上进士。一时间，朝野为之侧目。

南宋,是台州科举的黄金时代,进士数量激增到569人。什么概念?台州历史上,进士总数为986人,南宋占了大半。横向对比,台州超越了临安、绍兴等"进士大户",居浙江第4位。[4]

台州历史上这6位宰相,谢深甫、钱象祖、杜范、叶梦鼎、贾似道、吴坚,全部是南宋时人。钱象祖为赐出身,叶梦鼎出自太学上舍,其余4位都是进士出身。其中,贾似道还是嘉熙二年(1238)的榜眼。4位宰相中进士的平均年龄,是二十七岁。

除了宰相们外,南宋台州人才济济,像《诸蕃志》作者赵汝适、《嘉定赤城志》作者陈耆卿、大儒石𡒄,还有入传《宋史》的商飞卿、王居安等,都考中了进士。

进士多,考生更繁。南宋初年,考生应试,需要临时借场地。随着考生愈来愈多,乾道七年(1171),台州知州朱江在巾山以北建造了贡院,一共310间屋子,可容纳5000名考生。

到了南宋嘉定年间(1208—1224),应试的考生已达8000人。时任台州知州齐硕又向东扩建了贡院,新造屋73间。[5]

考生数量暴增，举人的名额却有限。北宋熙宁五年（1072），明、台、温三州合起来的举人名额是17个，核定给台州的是5个。北宋宣和年间（1119—1125），名额增至8个。南宋绍兴三十一年（1161），因为南渡者众多，名额增至11个。这个名额数量，一直延续至嘉定年间（1208—1224），也就意味着，当时的解试报录比几乎达到1000∶1，堪称地狱级难度。[6]

南宋诸州（府、军），像台州这样"内卷"严重的，还有温州与福州。因此，这三个地方的秀才，有的不得不改变籍贯，跑到其他城市去考。由于解试的日期，各州不尽相同，这就导致了一个诡异现象，有的"考霸"在好几个州都考中举人。逼得朝廷不得不出台"引保就试"的政策：凡参加考试的，必须十户、五户互相担保。临近试期，知举官先引问联保，有没有各地巡考的情形，核对明白后，方能考试。[7]就类似于今天的考前资格审查。

南宋的台州，为何会出现科举鼎沸的现象？究其原因，一方面，政治中心的南移，使台州变为辅郡，离国都近了，考省试不再需要长途跋涉；中原士族衣冠南渡，也让台州在内的浙东一带，成了人才聚集地。另一方面，宋朝廷对读书人的优待，官学和书院的兴起，让应试成为一种潮流，不考科举的读书人，都不好意思出门。

一些人以批判的眼光看待古代科举制度，认为它禁锢了读书人的思想，阻碍了科学技术的进步。但从另一个角度而言，科举打造了一个流动性的社会，让底层士人有机会进入政府决策层，这正是传统中国开放包容的体现。

州学

宋代以文治国,反映到社会层面,是对知识与教育的空前重视。天下读书人希望通过科举,从布衣一跃入朝堂。

不过,重视归重视,宋代官办学校的发展,却并非一帆风顺。"宋初定天下,惟汴有学。天圣以来,洛、睢上至他府若州,亦往往兴学矣"[1]——也就是说,宋代太祖、太宗、真宗三朝,官学甚少,到了宋仁宗朝天圣年间(1023—1032),环汴京一带才开始兴办官学。

中原之地尚且如此,更别说远在浙东边陲的台州了。

北宋宝元元年(1038),李防担任台州知州。来台州之前,李防在应天府(今河南商丘)做官。应天府毗邻汴京,府内早已设有官学,"生徒实繁,规模大备"[2],走出过许多名流、进士。

得知台州无官学，李防深感遗憾："台州山水之秀，甲天下也，这样一个山奇水灵之地，为何不建官学呢？"

在走访中，当地人告诉他，这些年来，台州鲜有登科者——这是事实，自太平兴国三年（978）钱弘俶纳土归宋以来，60年间台州只出了6位进士，平均每10年出一位，确实少了些。台州亚尹（州衙的辅佐官）宗明晋也说，建立官学，兹事体大，总是心有余而力不足。

一日公务之余，李防在州衙东南边大约一百步的地方（子城的东南隅），见到了10余间坏漏的屋舍。他踱步其中，左看看，右看看，与众人商量："不如把这些房屋利用起来，只要修缮一番，再增加十间屋子，学馆即建成。"

李防择址于此，除了对闲置设施再利用外，也符合风水堪舆术的标准。在宋人的观念里，官学基址的风水是否上佳，直接关系学子在科考场上成功与否。东南方，在《易经》八卦方位中，属巽位，为文明或高明之方，"巽东南也，文明以止"[3]。

文明，即仁义礼乐对人的约束。进入官学的学子们，尤其要受到文明约束，才能中第、成才、做官。这种由地理方位与《易经》糅合而成的解释体系，与其说是信仰，不如说是古人对美好愿望的朴素表达。

于是，在李知州的主持下，州学于宝元二年（1039）二月动工，五月落成。古代城市"政教为先"，州学的建立，对台州而言是件大事。一时间，州民学子为之雀跃，有乐善好施之人，还捐赠了三百石粮食，用于学校的运营。

事实上，台州州学建成时间虽比应天府晚，但放眼全国，还算较早建成的一批。宋代大规模兴办官学，要到庆历四年（1044），朝廷诏令"诸路、州、军、监各令立学，学者二百人以上，许更置县学"[4]，史称"庆历兴学"。

皇祐二年（1050），吕士宗任台州知州，甫一到任，就为州学新建了50间房屋。此后，凡是对文教重视的知州，像黄章、朱江、唐仲友等，都或多或少修缮、添置建筑。有宋一朝，守令是地方教育发展的主导者，州县学之兴废，仰赖当地守令贤能与否。正如季翔在《台州重修学记》中所言："兴学者天子，为天子兴学者太守也。太守贤则学校兴，人材盛，否则学校废，人材衰。政教污隆，风俗厚薄实系焉。"[5]

宋代台州的州学，与今天的学校有什么不同？

从空间来看，州学是"庙学合一"的结构，这也赋予其祭祀与教学两种功能。庙，即孔庙，又叫大成殿、文宣王庙，是祭祀孔子的场所。台州孔庙原在州治以北的山脚下，景祐二年（1035），知州范说将庙移至城东之侧。李防建州学后，孔庙被搬入州学中。

州学以大成殿（孔庙）为门面，殿之后有明道堂，就是师生讲习之所。堂之上有稽古阁，是藏书的地方。阁之后是住处，有执事位6间、诸生斋7间，前者是学官住的，后者是学生住的。还有庖湢（厨房和浴室）以及存放祭器、钱粮杂物的库房等。

南宋时，州学里又增添了一些先贤祠。淳熙二年（1175），尤袤任台州知州，在州学建思贤堂，祭祀毕士安、章得象、元绛等，他们都曾主政台州，日后位列宰辅。后人建了三老堂，祀罗适、陈公辅、陈良翰等台州乡贤；又建颂禧堂，祀黄章、朱江、唐仲友等对建学有益的地方官；还建有四先生祠、谢上蔡祠，祀朱熹、

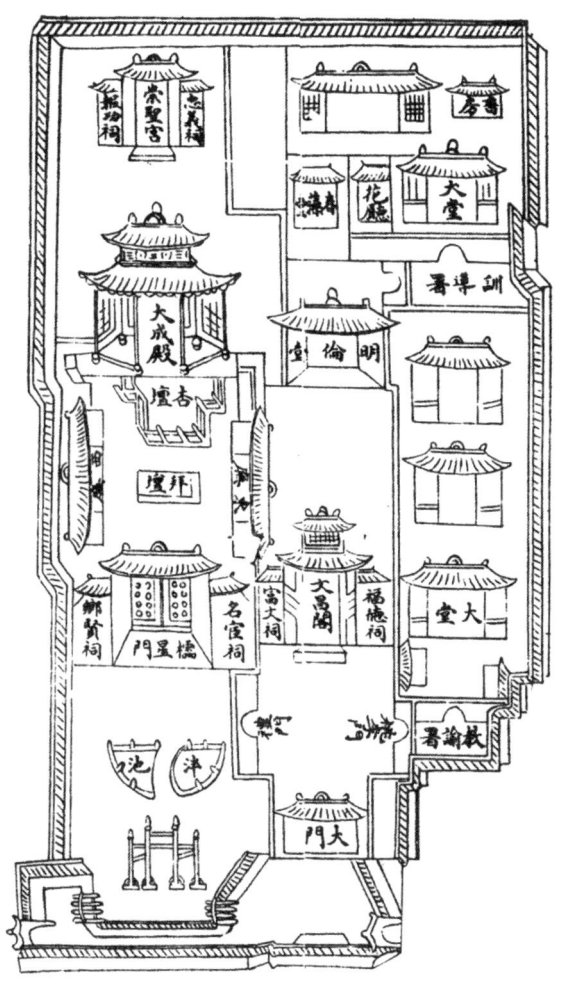

学宫图(《临海县志》)

谢良佐等道学前辈。[6]

官学立祀，与民间信仰不同。宋人援引《礼记》"有功德于民者则祀之"[7]的理论，其目的并非将先贤们神格化，祈求先贤显灵，保佑士子们科场中第，更多是为了推行儒家教化，维护国家意识形态的正统地位。

在州学里教书的，称为教授。在宋代，这是非常受人尊崇的职业。朱熹云："教授者，以天子之命教其邦人。凡邦之士，廪食县官而充弟子员者，多至五六百余，少不下百十数，皆惟教授者是师。"[8]怎样才能当教授？当然要经过考试。在南宋时期，读书人要经过国家举办的"教官试"，通过经义、诗赋两门，才能被任命为教授，而进士及第的人直接被任命为教授。

曾执教台州州学的教授，留名者不多。据《嘉定赤城志》记载，有姚自、应椿年、方暕、高松等人。他们平日住在"教授厅"——这是专门供教授起居的场所，内有亭台楼阁，雅致非常。在地方州县官员群体中，教授获得的待遇，是其他掾属官员无法比拟的。

学生入州学学习，一般无特定的年龄标准。曾任台州知州的彭思永，八九岁即入学舍；临海的季节先生徐庭筠，十四岁入台州州学读书；王安石在金陵入学时，已经十八岁了；范仲淹更是二十二岁才入学舍。

在州学里，学生们需学科举考试的内容。但不同时期，科举的标准不同。比如，王安石变法时期，《三经新义》成为地方官学的统一教材，不再考诗赋；宋哲宗元祐时期（1086—1094），重视经义和策论，同时恢复了诗赋；到了宋徽宗执政时期（1101—1125），除了学习经学、策论以外，还要学习道家经典；南宋绍兴年间（1131—1162），科举标准又恢复到元祐时期。

南宋时，理学兴起。在理学家们看来，钻研科举文章，追求功名利禄，已经偏离了学校教育的本质。学生们应当学习如何为学、如何为士，树立修身、齐家、治国、平天下的人生理想。他们的教育理念，也影响了地方官学的施教。

学校会定期组织考试，来考查学生的学业水平。有些策问题目，今天看来都很有趣，比方说"孔子言行不一，何故？""肉刑与死刑孰重？""儒者论兵，韩信孔明孰从而可？"[9]

州学的运转，需要经费，钱从哪里来？从学田里来。

所谓学田，是指由国家拨给、个人捐赠或学校自行购置一定数量的土地，作为学校的固定资产。学校将这些土地租佃给附近的农民耕种，所收的粮食和租金，用作官学的办学经费。

台州州学的学田，在北宋末年，仅有数十亩，经历代知州的拨给、购置，以及官绅的捐赠，到南宋嘉定年间，有田 1837 亩、地 41 亩、山 13 亩——大约能供不到 100 个学生读书。[10]然台州乃多士之地，参加科考的有几万人。官学一直想扩招，实在力有未逮。看来，人地矛盾在当时就很突出。

上蔡书院

书院,是区别于官学的另一类教育机构。官学,是与科举配套的人才选拔机构。书院,集藏书、修书、读书于一体,既是教育场所,又是研究学术、普及文化之阵地,一般有名师大儒坐镇。从"兴文教"的角度来说,书院更甚于官学。

书院起源于民间,那些自诩"为往圣继绝学"的读书人,总得收拾几间屋子出来,放放书本,为乡人传道授业解惑。宋代时,书院空前繁荣,像九江白鹿洞书院、长沙岳麓书院、商丘应天府书院,更是名震天下。

书院有官办和民办之分。仙居的桐江书院、椒江北岸的观澜书院,就是民办书院。临海的上蔡书院,则是台州历史上第一所官办的书院。

上蔡是个地名,就是河南的上蔡县。而上蔡书院的

"上蔡"则是为了纪念上蔡先生谢良佐。

谢良佐师从程颢、程颐,自创上蔡学派,开湖湘学派、心学之先河。在程朱理学的发展过程中,他像一座巨大而敦实的桥梁。

谢良佐虽是当世大儒,但官阶不高,做过河南渑池、湖北应城等地的知县,又到西京竹场做一个监管的小官。

宋徽宗刚刚即位时,年号"建中靖国"。谢良佐议论道,"建中"与唐德宗的年号相同,很是"不佳",还说皇帝"不免一播迁",意思是皇帝要流离失所、迁徙异地。[1]

这番大逆不道的言论被人举报,宋徽宗得知后大怒,将其废为平民。两年后,谢良佐染病去世,终年五十三岁。

然而,谢良佐"不免一播迁"的议论,却如同预言一般,在20多年后一语成谶。"靖康之变"后,北宋灭亡,宋徽宗与儿子宋钦宗被金国人俘虏,押送北方,遭受颠沛流离之苦。

靖康之变紧接着衣冠南渡,中原人大量迁往南方。谢良佐的儿子谢克念到了台州临海,在这里安家落户。同样定居临海的,还有谢良佐兄弟谢良弼之子谢克家——曾任台州知州,后官至参知政事。从此,谢氏一族在台州开枝散叶。

南宋的理宗皇帝推崇理学,他给周敦颐、程颢、程颐、张载、朱熹、吕祖谦等已故的理学家都赐了谥号,请入孔庙。一时间,周程张朱吕之说,家传而人诵之。

同为理学一系的谢良佐,自然也被官方所尊重。嘉定三年(1210),黄䇓任台州知州,将谢良佐请祀于州学。

在民间,谢良佐的知名度并不高,很多人奇怪,州学为什么要祭祀这个人。永嘉学派的创始人叶适对此非常痛心,在文章中感叹道:"兴小学,近而易知也。祠上蔡,远而难解乎?"意思是,世人可以理解知州兴办教育,却不明白建立谢良佐祠堂的意义。叶适认为,谢良佐是极其可贵的人物:"然其致道而成材者,几绝都旷国不一遇焉。故尊之、贵之、珍之、重之,哀其死也。"[2]

大学者的一番话,确实有分量。景定三年(1262),台州知州王华甫在东湖上建了官办书院,就以"上蔡"命名。

创办之初,上蔡书院的师资力量相当雄厚。书院的第一任山长杨栋,精通伊洛之学,世称"平舟先生"。此前,杨栋在国史院和实录院修撰史书,来台州当了两个月山长后,他回到朝廷,后来担任参知政事,进入了权力核心圈。

另一位重量级的山长王爚,和王华甫是老乡,都是新昌人。王爚于咸淳七年(1271)任上蔡书院山长,任期大约一年。又过了两年,王爚拜左丞相。

在书院教书的,有王柏这样的名儒。他是"北山四先生"之一何基的弟子,《宋史·何基传》这样评价:"柏高明绝识,序正诸经,弘论英辨,质问难疑,或一事至十往返。"任教期间,王柏专门做了一篇《上蔡书院讲义》,阐明二程、朱熹及谢良佐的治学理念,为诸弟子答疑解惑。在他的悉心教导下,上蔡书院走出了车若水、黄超然、周敬孙等学者。甚至有四川人张达善慕名前来求学。上蔡书院的影响力,可见一斑。

巾山过客

临海多山，西边是台州第一高山——括苍山，北有大固山、小固山。古今文人，却唯独偏爱巾山。

巾山，又称巾子山，位于临海古城东南隅。早年，东边城墙未拆时，巾山被包裹进城内，是不折不扣的城中之山。

巾山有双峰，东边高一头，西边矮一头。远远看去，就像帢帻——一种书生帽。看过《包青天》没有？就是公孙策头上戴的那种。

双峰上耸立着双塔，东边的叫大文峰塔，西边的叫小文峰塔，不知始建于何年代。至少宋代《嘉定赤城志》的罗城图里，已可见双塔对峙，遥相呼应，为州城地标性建筑。今天我们看到的双塔，为清代所重修。

巾山不高，有仙则名。据说，古时有个华胥子，在山里修行，得道升天时，坠下了头巾，"巾山"因此得名。[1]

为了让传说看起来更逼真，有"好事之人"在巾山东塔下，刻了"遗巾处"三字。《台州金石录》编者，清人黄瑞认为，此处摩崖出自宋人之手。两峰交界的山腰，还有座华胥洞，内有石床，想必是仙人洞府。

古人亦有包装意识，无论这些"仙迹"是哪朝哪代留下的，放在今天都是古迹。

我们在巾山行走，是山里的匆匆过客。偶遇美景，是种缘分。比方说，天宁寺旁，有座南山殿塔，塔顶荒草萋萋。吾人见了，拍照，发朋友圈，配上文字："巾山古塔，长出了头发。"明明很矫情，我偏要说，这是一种诗意，您也拿我没辙。

巾山是座诗山，文人对其吟诵之篇，在台州仅次于天台山。中唐诗人顾况曾在临海任新亭监，一个管理盐业、盐税的官职。客居期间，他写下《临海所居》三首，第三首写道："家在双峰兰若边，一声秋磬发孤烟。山连极浦鸟飞尽，月上青林人未眠。"

巾山抚慰了顾况的孤独，也接纳了一个失意的灵魂。

晚唐诗人任翻,屡试不第,便归隐江湖,夜宿巾山一禅寺时,在墙壁题诗:"绝顶新秋生夜凉,鹤翻松露滴衣裳。前峰月映半江水,僧在翠微开竹房。"(《宿巾子山禅寺》)

传说,任翻原诗的颈联,为"前峰月照一江水"。题完后下山,途中思忖:僧人开竹房,时辰尚早,月出山峰,必有遮挡,恐无法照亮一江水。想到这,他便折返,欲将"一"改为"半"。谁知,回到题壁前,竟有僧人已替他修改。这个故事,《增修埤雅广要》与《唐才子传》均有记载。

后来,任翻两次故地重游,感叹:"野鹤尚巢松树遍,竹房不见旧时僧。"(《再游巾子山寺》)"惟有前峰明月在,夜深犹过半江来。"(《三游巾子山寺感述》)

任翻三诗,仿佛天外采撷之笔,几乎把巾山给写尽了。以至于后人感叹:"任翻题后无人继,寂寞空山二百年。"

南宋宝祐元年(1253),赵与谭任台州知州。他是任翻的"粉丝",少年时,读《宿巾子山禅寺》,对诗中意境颇为向往。当他得知"僧开竹房"的发生地翠微阁已毁坏，非常惋惜，便命人在旧址重建，如此一来，"而翻之风流于是俨然如存"，"阁之存，诗之景备，千古雅韵藉以不磨灭"。[2]

有宋一代，诗咏巾山者众多。如北宋名臣赵抃，南宋初宰相吕颐浩、诗坛领袖曾几、金石家洪适、大儒朱熹等。

比起上面几位，有个叫高似孙的词人并不有名，但一首《巾山雪》，让他名留于山。诗的开头即写道："携诗来做台州雪，台州雪好无人说。"

奈何写诗人多，题刻者少。目前巾山唯一确定为宋代的摩崖石刻，在三元宫卧佛殿后的石壁上。平日佛殿后门紧锁，鲜少对外开放，一位戴眼镜的女师父听闻我们访古的来意，便将后门打开了。

摩崖离地面约三米高，上刻："胡承公同弟成美来游，男羽兆侍行，癸丑清明日题。"胡承公，即宋代名臣胡世将，《宋史》有传，虽文官出身，却在南宋初年屡屡挫败金兵。这方摩崖，是绍兴三年（1133）清明所留，因石壁前倾，如屋檐般遮蔽雨水，历800余年不朽。

同年三月二日，他自涌泉寺（今临海市涌泉镇延恩寺）出发，访隐士吴文叟居所，并临溪观鱼，题诗二首。此外，他还拜访了寓居台州的宰相吕颐浩。

胡世将后于绍兴十一年（1141），带兵收复陇州，又攻取华、虢二州，士气为之一振。可惜，他在前线罹患疠疾，次年（1142）病逝，年五十七岁。台州人在巾山上为其立庙，据说，当地从事丝线业的工商业者尤其信奉他。

所谓青山不老，在自然面前，人的生命何其短暂，唯诗可与时间抗衡。古诗简洁、深情，巾山静谧、闲适，诗与景互相成就。而今古诗的语境早已不再，我们该以怎样的文字留给后人呢？

巾山双塔

东湖园林

东湖，顾名思义，东边的湖。全国以"东湖"命名的湖泊有16个，浙江就有3个，景致各不相同。如绍兴东湖，山明水秀，岩奇洞幽；嘉兴东湖，九河汇聚，如九龙戏珠。而临海的东湖，湖山一色，一派园林景观。

临海东湖，位于崇和门以东。清代大学者俞樾曾游东湖，写道："好山好水，出东郭不半里而至。"

好山好水，有多好？俞樾在《春在堂随笔》中有言："四山环抱，一水如镜，有堤以分里外湖。外湖之中，有湖心亭，杰阁三层，颇极轩敞。亭后一平桥，曲折以达。于堤桥之半，亦有小亭，署曰'半句留处'。"[1]

俞樾很喜欢东湖景致，因而评价："杭州有西湖，台州有东湖。东湖之胜，小西湖也。"

和西湖一样,东湖亦是人工湖,起源于宋代。时针拨回一千多年前,这里还是一片沼泽地,汇东北诸山之水,人称"山水窟"。

端拱二年(989),台州知州张蔚在此建船场。景祐年间(1034—1038),船场废弃。到了嘉祐年间(1056—1063),知州徐亿将这里开辟为水军营地。[2]

当时,台州城常受水患侵袭。每当阴雨霏霏,或山洪暴发,或江水倒灌,一旦城墙失守,城内百姓便遭了殃,以至于人们谈水色变。这样的日子,何时是个头呢?

熙宁四年(1071),五十三岁的钱暄知台州。钱暄,字载阳,钱塘人,吴越国第五代国王钱弘俶之孙,为官仁厚。他一下马车,就访民间疾苦。大家都说,苦洪水久矣。于是,钱知州下定决心,要从根子上治理水患。

在农业社会,治水是主政者的一大职责。熟读四书五经、典型"文科生"的士大夫们,治起水来却毫不含糊。我们熟悉的文学家苏轼、范成大,以及台州籍名臣罗适等,都是不折不扣的水利专家。

钱暄治水,分三步走。第一步,累石筑城墙。将东城墙内迁，把"山水窟"划出城外，对城墙进行整体修筑、加固。第二步，凿湖受众水。灵江水位一旦上涨，水流无处可去，就横冲直撞，祸害人家。钱暄率众人在"山水窟"凿湖，与南边的灵江相连，起到蓄洪作用。第三步，取土堤城东。凿湖势必挖出来许多土石，这些土石，正好在城东筑堤坝，形成一条防线。

待这项浩大的水利工程完工，钱暄蓦然发现，这片人工湖，居然如此美妙——"疏就湖山秀气浓，花林茂列景争雄"，"环嶂鹭行飞早晚，平波鱼阵跃西东"[3]。于是，他在湖心汀洲上盖了一座"共乐堂"。所谓共乐，即东湖能为全城百姓所共享、游乐。

晴好天气，人们结伴出城东，赏湖光山色。钱暄也来到"共乐堂"，他心情大好，管弦交奏，宴请宾客。游人们在水湄歌唱，赞颂钱知州为官一任，造福一方。庆元三年（1197），知州刘坦之将"共乐堂"改称"知乐堂"，老百姓不管，照样称"共乐堂"，可见钱暄在台州人心目中的地位。

往后，经萧振、向沟、江乙祖等几位知州开辟、修浚，东湖逐渐成为台州最大的公共园林，引来文人骚客争相吟诵,尤以夏日荷花诗闻名。南宋江湖派诗人戴复古有《东湖看花呈宋愿父》诗云:"团团堤路行无极,一株一步杨柳碧。佳人反覆看荷花,自恨鬓边簪不得。"

东湖美景,引来风流人物。南宋初年,宰相吕颐浩寓居台州,在州城东郊筑"退老堂"。堂在东湖旁,与灵江相近。老丞相在此,官员、文人们便登门拜访,一见面,免不了吟诗作对,李纲、汪伯彦、陈公辅等31人,就曾为"退老堂"作诗。

老丞相吕颐浩与文人们吟诗作对

南宋参知政事贺允中退休后,也住在东湖附近。他以唐代诗人贺知章自况,并借其"唯有门前镜湖水,春风不改旧时波"的诗句,命名东湖后湖为小鉴湖,在湖畔建占春堂、枕流亭、漱石亭等,传为佳话。

渐渐地,东湖上也传来琅琅读书声。景定三年(1262),台州知州王华甫在东湖建立了上蔡书院,这是台州有史可查最早的官办书院。

元明以降,东湖园林几度兴废。现在我们看到的东湖格局,是在清代康熙以后历次疏浚形成的。同治年间(1862—1874),台州知府刘璈将东湖大加疏浚,拓而广之。这才有了俞樾眼中的"小西湖"。

而今,东湖位于临海城市中心,其轮廓方正,由堤界分成湖东、湖心、后湖三部分。湖东有伊水山庄、荣兴堂、东湖碑林等,湖心有湖心亭、半勾亭、骆临海祠、樵云阁等,后湖有琪水园、小鉴湖、海礁苑等。

值得一提的是,海礁苑的假山,是用临海当地的海礁石叠成,而非苏州的太湖石。黢黑的礁石上嵌满了牡蛎壳,如同撒上了洁白花瓣,刚硬而美丽。这使得东湖园林有别于苏杭园林,具有浓厚的地域气质。

世上湖泊何其多哉？位于高密度城市环境中的湖泊，却殊为罕见。对台州人而言，东湖是一块来之不易的瑰宝，守护这块瑰宝，不仅是守护历史文化，也事关每一个市民的幸福感。

东湖园林

留学僧的好学校

北宋太平兴国八年（983）八月十八日，一行日本僧人抵达台州临海县。他们在州城东南巾山脚下的开元寺驻锡下来，一边在寺内学习佛法，一边等待前往天台山的批准牒文。[1]

领头的僧人名叫奝然，来自日本东大寺。他此行目的是作为"留学僧"——入宋求法，巡礼天台山、五台山等圣地。

奝然生于日本京都，俗姓秦，为地方贵族。他自幼出家，二十二岁受戒成为正式的僧侣。四十五岁这年，他请得东大寺与日本天台宗总本山比睿山延历寺的入宋

日僧奝然

牒，与弟子盛算、祚壹、嘉因等人，乘坐宋朝商人陈仁爽、徐仁满的商船，漂海来到中国。第一站，即是台州的开元寺，这是台州的官寺。

开元寺，建于唐代神龙元年（705），初名中兴寺。按照《旧唐书·本纪第七·中宗》记载，神龙元年正月，武则天之子唐中宗李显即位。二月，天下诸州皆建寺观一所，以中兴为名。

然而，"中兴"代表衰落之后的兴盛，也意味着李显否定其母武则天的时代。因而，神龙三年（707），全国的中兴寺改名为龙兴寺，台州也不例外。到了唐开元二十六年（738），台州龙兴寺经重修，改名为开元寺。

唐天宝三年（744），扬州大明寺的鉴真和尚第四次东渡日本，途经台州，就在开元寺流憩。后来，鉴真第六次东渡成功，将佛教天台宗的教义传至日本。

60年后，也就是唐贞元二十年（804），日本的最澄和尚随遣唐使入中国求法。这年九月，他抵达台州，在开元寺净土院，跟随天台宗十祖道邃学习。在台州的半年里，他巡礼天台山，其余时间均住在开元寺，抄写经书，并受了菩萨戒。当他返程回国时，台州刺史陆淳为他举行饯别茶会，并赋诗以赠。回到日本后，最澄在比睿山正式创立日本佛教天台宗。

有唐一代，像最澄这样到开元寺求法的"留学僧"，还有日本的圆珍、圆修、惠萼、宗睿，以及新罗的竞让等。而北宋初年的奝然，正是循着这些前辈的步伐，来到开元寺寻求自己心中的奥义。

奝然在开元寺先待了20余天，九月九日，他获得有司批准的公凭，即刻动身前往天台山，"访智者之灵踪，游定光之金地"，并"登桂岭，睹三贤之旧隐"。智者，即天台宗创始人智𫖮，国清寺有智者大师的真身堂；定光为南朝陈时的高僧；三贤，即丰干、寒山、拾得。游毕后，他不禁感慨："栖心莫及，行役所牵。"[2]

十月十八日，奝然出发去汴梁。一路上，他巡礼了新昌大佛寺、扬州龙兴寺、泗州普照王寺。年底，他抵达了北宋首都汴梁，觐见宋太宗赵光义。太宗赐他紫衣并例物，安排住在明圣观音禅院。

巡礼完汴梁大大小小的寺院后，奝然前往山西朝拜五台山。五台山与日本社会普遍流行的文殊信仰有关。

奝然此行不光要为日本请去文殊菩萨，还想把中国的五台山清凉寺也搬到日本去。这个愿望后来实现了，回到日本，他在京都修建了五台山嵯峨清凉寺。

返回汴京后，宋太宗宣赐奝然"法济大师"号，并赐给他《大藏经》、绢帛、例物等。雍熙二年（985）六月，奝然再次回到台州开元寺，受到知州郑元龟以及州民们的热情欢迎。

奝然很想为日本请回一座释迦牟尼栴檀瑞像。回到台州后，他就地购买香木，请来当地的佛像雕刻师张延皎、张延袭兄弟，于七月二十一日开雕，八月十五日完工。

张氏兄弟果然好工艺，只见佛像面容慈善而庄严，身着通肩袈裟；左手下垂作"与愿印"，表示能满足众生愿望；右手屈臂上伸作"施无畏印"，表示能解除众生苦难；背光透雕莲花唐草和十一尊化佛。

瑞像雕刻完成后，奝然请台州僧人鉴端代笔，撰写了《奝然入宋求法巡礼行及瑞像造立记》，装入佛像内部。一并装入内部的，还有开元寺、妙善寺一众僧尼捐赠的物品。如开元寺主释景尧捐了水精珠三颗。鉴端捐

线刻水月观音像铜镜

绢制五脏

灵山变相图

日本清凉寺释迦瑞像

赠了水月观音镜子一面、铃子一个。妙善寺尼姑清晓、省荣、文庆,以及信女余七娘,捐赠了绢制的五脏六腑等。林林总总物品,记载于《入瑞像五藏具记拾物》中。

台州的善男信女们也纷纷慷慨解囊,为瑞像捐钱。一张《舍钱结缘交名记》里,记录了37个"大宋台州男女弟子"的名字。男人有名有姓,如王仁朗、应玄靖等。女人有姓无名,都是像刘廿七娘、应五娘、蒋十一娘等这样,以"姓氏+齿序+娘"记载。

八月十八日,瑞像入藏装封完备。这一天,是奝然入宋两周年之日,颇具纪念意义。

雍熙三年(986)夏季,奝然携带释迦牟尼栴檀瑞像、十六罗汉绘像、宝塔以及折本《一切经》等,搭乘台州商人郑仁德的帆船,顺利抵达日本九州岛,终于功德圆满。两年后的端拱元年(988),奝然还遣其弟子喜因,同样乘坐郑仁德的船入宋,向朝廷及开元寺表达了谢意。

奝然归国86年后,另一位颇具历史影响力的日本僧人成寻造访中国。与奝然官方"派遣僧"的身份不同,成寻是位"偷渡僧"。

成寻，俗姓藤原，出身贵胄之家，曾任大云寺主31年、护持左丞相21年，可谓德高望重。成寻少年时，就有入宋求法之志，年近六旬时，他辞去僧职，向日本朝廷提出了入宋申请，但未获许可。日本在宋代施行严苛的"渡海制"禁令，严禁官员和平民出海。仅有奝然、喜因等少数僧侣，获得官方派遣入宋的资格。

北宋熙宁五年（1072），六十一岁的成寻与老母亲诀别后，于三月十五日，登上中国商人孙忠的商船，四月十四日泛海至杭州入境。

成寻入宋，目的也是巡礼天台山与五台山。五月十三日，成寻入天台山，其间登华顶，访石梁，足迹遍布天台各个寺院。五月二十七日，他来到台州州城临海，次日谒见知州钱暄。二十九日，大雨滂沱中，成寻拜访了开元寺。

开元寺已于景德年间（1004—1007）更名为景德寺。在成寻眼中，景德寺为"广大伽蓝也"[3]。在寺内，他见到了教主阇梨若明、都僧正子章、子鸿长老等人，并烧香礼佛。

成寻在台州近4个月，后北上赴京，又于是年十一月一日动身巡礼五台山,往返55天,在五台山不过待了4天。在山中,他为自己的祖国与家族祈福。

入宋的一年多时间里,成寻有写日记的习惯。他将熙宁五年(1072)三月十五日至六年(1073)六月十二日的日记,与所求佛经一同,由弟子携带回日本。这些日记,后整理成《参天台五台山记》。成寻本人留在了汴京,逾8年圆寂,葬在天台县智者大师庙旁,建塔题曰——"日本善慧国师之塔"。

北宋时,还有寂照、念救等日僧入宋,过开元寺(景德寺)。到了南宋,景德寺改名报恩光孝寺。日僧重源、荣西、俊芿、道元、心地觉心、彻通义介、寒山义尹等人到台州求法,在他们眼中,天台山是一座圣山,而报恩光孝寺是个"留学"的好学校。

南宋嘉定十五年(1222),报恩光孝寺拥有田产6565亩、地407亩,已为泱泱大寺矣。[4]

元代以降,报恩光孝寺改名天宁寺,这一名字从元明清一直沿用到20世纪90年代。1998年,临海重建天宁寺,并恢复旧称"龙兴寺"。寺院从南到北,分三个院落,第一院落是山门、放生池、大殿等,第二院落是藏经楼、千佛塔等，第三院落有厢房、斋堂等。2013年，台州龙兴寺千佛塔入选全国重点文物保护单位。

龙兴寺千佛塔

探秘梅浦窑

梅浦窑，位于临海古城街道梅浦村的后门山。山前立了一块石碑，上书"梅浦窑址"。

后门山，实际是个小山坡，坡上有一片翠绿的竹林。循小道上山，脚底下是密密麻麻的窑具与瓷器碎片。

从山坡一处横切面看，陶瓷片一层叠着一层，似乎整个山坡，就是瓷片堆积而成，这是一座瓷山。

随手捡起一个，是一块残破的杯盖，釉色青绿，表面光洁，边沿微微翘起，呈一条好看的弧线。地上还有匣钵、垫片、陶片等，如恒河沙数，不可胜计。

带我们来探寻窑址的，是临海文物保护所的彭连生所长，一个精瘦的汉子。我称呼他"二师兄"，因为他外貌酷似周星驰电影《少林足球》里的二师兄。

据二师兄说，竹林深处，有一条斜坡式龙窑，依山坡而建。龙窑下方，疑似有作坊区。这些遗迹都未经发掘，其详细结构尚不明朗。我试图在地表找寻窑址的痕迹，终究无功而返。

梅浦村在临海古城以西，灵江南岸，周边窑址众多，最鼎盛时有窑场 60 余座。除了后门山之外，还分布于梅浦村周围的王安、将军山、凤凰山、大廾山、瓦窑头、西山亭等地，是古代台州较大的窑址群落。

1982 年，台州文物管理委员会与临海博物馆对梅浦窑址群进行调查。1983 年 4 月 15 日，临海县人民政府公布该窑址群为"临海县文物保护单位"。

目前，藏于临海市博物馆的梅浦窑瓷器，较完整的有两批，第一批为 1982 年采集，第二批为 2006 年修建高速公路时发掘。这些年，也陆陆续续有热心村民捐赠。[1]

梅浦村周边是连绵的大山，大山里的瓷土质地细腻、黏性好，可用于陶瓷的制作。周边山林茂密，坡度适宜，既能建造龙窑，又提供了丰富的燃料。离村一公里，就到了灵江，交通很便利。三者结合，梅浦村自然成了古代窑工眼中的"天选之地"。

从堆积层中拣选的标本来看，梅浦窑址群时代开始于唐代，至元代逐渐衰落。王安窑年代最早，凤凰山窑质量最好，后门山窑堆积最丰富。

王安的窑址始烧于唐代早期。器物以盘口壶为大宗，还有罐、瓶、钵等。其釉质略显粗糙，釉色青中泛黄，微带褐色。

凤凰山的窑址所发现的瓷器，有碗、钵、罐、盘、壶盏托、盒等。胎体轻薄致密、制作规整。釉色纯净，青翠水亮，据说，这就是秘色瓷的釉色。匠人们以刻、划、刻划并用、镂空刻划等技法，将荷花、蝴蝶、牡丹、莲瓣、缠枝花草、飞鸟等纹饰，运用到瓷器中，颇具审美价值。

后门山的窑址，大约活跃于北宋中晚期到南宋早期。瓷器胎骨坚细，多呈白、灰白、青灰等色，多施青色薄釉。在现场，我们还找到一些黑釉、酱釉的瓷片。

曾经的梅浦窑，在瓷土淘练、器形制作、修胎打磨、纹饰刻划、釉色控制、烧制火候等方面，都已经非常成熟。挑夫将烧制好的瓷器，一担一担挑出来，经水路运输，有的送到城里，更多产品则被卖到外地，甚至远销海外。

1993年10月18日，由美国、英国、日本、印尼、捷克5国9位古陶瓷专家组成的文化艺术团，考察了临海市博物馆馆藏的临海古窑址出土的瓷器标本。[2]他们认为，在菲律宾、日本等亚洲国家出土的部分中国瓷器，或为梅浦窑以及附近的许墅窑所产。

到了南宋，梅浦窑的窑火式微，终于熄灭。这从临海博物馆的馆藏文物变化，也可窥见一斑——北宋时期台州产的瓷器众多，到了南宋以后，逐渐被龙泉窑、哥窑、景德镇的瓷器所取代。这些外地的瓷器，无论从釉色，还是从花纹、样式上看，都要比本地青瓷更加出众。

商品经济，优胜劣汰。从南宋中晚期，到元、明，龙泉窑与景德镇瓷器各领风骚。这两个地区的制瓷工艺更加精湛，专门行业分工也更加细致。宋应星在《天工开物》中写到，景德镇的制瓷工序"共计一坯之力，过手七十二，方克成器，其中微细节目，尚不能尽也"。这种工业流水线的生产方式，对其他瓷器产地而言，无疑形成了"降维打击"。

南宋以降，商业贸易网络四通八达，地方自给自足的经济模式，慢慢演变成全国性的市场经济。当龙泉窑强势崛起后，迅速在市场独占鳌头，越窑系瓷器渐渐不受消费者欢迎，退出历史舞台成了必然。

当然，梅浦窑的衰落，还有其他多方面原因，例如水土流失、地方政策的变化等。今人要了解其中更多的奥秘，还需等待系统性的考古发掘。

新出土梅浦窑瓷器四种　浙江省文物考古研究所提供

钱荒与纸币

南宋淳祐年间（1241—1252）的一个春天，台州城的市民一觉醒来，发现"忽绝无一文小钱，在市行用"[1]。偌大的台州城，居然闹起了"钱荒"，市面上找不到一枚铜钱可用。这是怎么回事？

时任台州知州包恢经过一番调查后发现，原来市面上流通的铜钱，全被日本的商船收购走了。这些日本商船目的地是宁波，途经温州、台州时，就与当地的富豪交易。日本商人拿出船上的珍奇商品，价值一千贯的，一百贯就卖；价值一百贯的，十贯就卖。前提是，富豪得拿铜钱来买。

从宁波返程后，因"博易尚有余货"[2]，日本商船又重新回到台州，故伎重演，以低价贱卖商品收购铜钱，这才导致了台州城的"钱荒"。

日本商人为什么要收购铜钱?因为当时日本所铸造的铜钱,质量低劣,大小分量不一,无法在市场上流通,所以迫切要从宋朝进口铜钱。

宋朝本就铜矿匮乏,若铜钱再外流,恐怕要引发金融危机。因而朝廷三令五申,禁止此类事情发生。北宋时,宋朝与日本是单向贸易,中国商人仅携带少量铜钱出海。南宋时,大量日本商人来华,每一次贸易,"以高大深广之船,一船可载数万贯文而去"[3],难免会出现台州的"钱荒"事件。不过,此事也侧面反映出,台州海外贸易之发达,铜钱可以作为国际流通货币。

那么,如何解决铜钱匮乏的问题呢?宋朝发明了纸币。

北宋真宗年间,四川地区使用铁钱,价值小,又格外笨重,携带非常不便。当地16家富商便商量集资36万贯钱,联合发行了纸质的"交子",并开设"交子铺"。老百姓只要向交子铺交纳现钱,就能兑换成等值的交子。拿着交子去交易,比铁钱方便多了。

交子可以在市场上购买商品,又能向发行者兑换铁钱,已经具备了信用货币的职能——世界上最早的纸币,就这样诞生了。

后来,交子从私办转为了官办。天圣元年(1023),宋廷诏准设立益州交子务,次年(1024)发行官交子。到了熙宁年间(1068—1077),国家财政开始发行交子。

然而,到了北宋后期,当出现巨额财政开支需要时,国家总是超发纸币,导致交子大幅度贬值。大观三年(1109),交子被废弃,没过多久,北宋也灭亡了。

宋室南渡后,由于大量铜冶坑留在中原,大量铸造铜钱根本不现实,怎么解决货币流通问题?当然还得用到纸币。南宋官方纸币,称为"会子",最早发行官方会子的人是钱端礼。

钱端礼,吴越王钱弘俶六世孙,少年时,就因靖康之变,随祖母秦鲁国大长公主、父亲荣国公钱忱寓居台州。绍兴三年(1133),他当上台州通判,之后一路升迁为临安知府。

在临安知府任上,钱端礼发现民间有商人发行"便钱会子",在市面上流通。于是,在绍兴三十年(1160),他以十万缗铜钱作为本金,"印造会子,许于城内外与铜钱并行"[4]。就这样,会子变成了南宋官方发行的纸币。

起初,会子只能在临安城内外使用。第二年,即绍兴三十一年(1161),钱端礼升任户部侍郎,他奏请朝廷,设立"行在会子务""会子务隶都茶场",将会子的印造、发行权,都收归朝廷所有。如此一来,会子不光在国都流通,也推行到两浙、两淮、京西诸路,逐渐成为全国性流通的纸币。

会子的发行使用,一方面缓解了铜钱不足的难题,另一方面,也推动了南宋商品经济的发展,以及各地区间的贸易繁荣。从这点上来说,作为"南宋会子之父"的钱端礼厥功至伟。

商人群体

台州人爱做生意，古来如此。宋代史料里，留下了诸多台州商人的名字。

比方说，有个叫周文德的台州海商，在中日之间做贸易。北宋端拱元年（988），他在日本九州岛，遇到了苦修的高僧源信。源信将其著作《往生要集》交给周文德，请他带回中国。

周文德回国后，把《往生要集》送到天台山国清寺。淳化元年（990），周文德赴日贸易，给源信寄去了一封信，说《往生要集》在国清寺很受欢迎，并称自己"忝遇衰弊之时，免取衣食之难"，言下之意，生意不好做，希望源信能给予更多关照。这封《奉复源信大德书》，是台州海外贸易史上罕见的海商信件，因此弥足珍贵。[1]

大中祥符八年（1015），周文德再次赴日，将1只孔雀献给日本三条天皇。又过了11年，也就是天圣四年（1026），源信的弟子寂照乘坐周文德的商船入宋求法。

台州海商之间，大多抱团合伙经营，形成一支大商团，类似于今天的股份贸易公司。除周文德之外，商团中还有陈仁爽、郑仁德、周文裔、周良史等。他们除了做生意，更是两国间的文化信使。

尤其值得一提的是，周文德、周文裔、周良史均是宁海人，是当地的海商世家。他们世代相袭，累世经营。

据《东岙周氏宗谱》记载，唐昭宗执政年间（889—904），周希星自台州州治临海迁此定居，成为东岙周氏的始祖。东岙，位于三门湾沿海，今属宁海县一市镇，村口便是旗门港（古称岐门），当地人以牧海为生，有冒险精神者便出海经商。

周文裔生于北宋建隆三年（962），在宗谱中，名为周述裔。他有一发妻陈氏，后又娶一日本女子。其子周良史，生于雍熙三年（986），自小"从父往复，虽似随阳之鸟"[2]。

周良史不同于一般商人，他希望能获取一些政治资本。天圣四年（1026），周良史将自己的名籍献给日本关白（相当于宰相）藤原赖通，并献上绢丝300匹，希望能谋求一个爵位。不过，藤原收了名籍，却拒绝授予其爵位，仅赏赐给他砂金30两。[3]

数年后，周良史出海再未归来，或许在海难中丧生，或许病逝于海外。周文裔卒于故乡，墓在东岙的覆钟山。对海商们而言，大海无限瑰丽，又无限凶险。无论魂归故土，还是客死他乡，都是他们需要承受的命运。

周良史的儿子周弁，于嘉祐六年（1061）考中进士，完成了从商人子弟到士人的身份转换。这是宋时的制度突破，要知道，唐代法律禁止商人及其子弟参加科举。诗人李白就因是商人之子，被科举拒之门外。

宋朝是商业的黄金时代。政府对发展工商业充满热情，曾任天台知县的郑至道就说，士农工商，皆百姓之本业。尤其是海外贸易，能为国家带来可观的税收。《宋会要》记载，温州、台州、明州、越州是"大商海舶，辐辏之地"，每月的南货商税，动以万计。

为了最大限度地管理海商、收取税款，宋朝廷先后在广州、杭州、明州、密州、泉州、秀州、温州、江阴8个城市设置市舶司。商人出海,必须到市舶司登记、领取公凭,才能启行,否则就属于走私,要受处罚。等贸易归来,商人必须回到原申请公凭的市舶司,交纳船上1/10的货物作为税收。

台州并无市舶机构,商人们一般北上明州市舶司,"籍其名,岁责保给引发船"[4],然后将瓷器、书籍、棉、绢和土特产等商品销往日本、高丽以及南洋诸国。

台州与朝鲜半岛高丽国的贸易也较为频繁。据《高丽史》记载,天圣九年(1031),台州人陈惟志等64人去高丽经商;宝元元年(1038),明州人陈亮与台州人陈维绩等147人到高丽经商,并献土物;皇祐元年(1049),又有台州人徐赟等71人前往高丽。[5]

这些几十上百人的商队,要坐怎样规模的船?《梦粱录》载:"浙江乃通江渡海之津道,且如海商之舰,大小不等,大者五千料,可载五六百人;中等二千料至一千料,亦可载二三百人;余者谓之'钻风',大小八橹或六橹,每船可载百余人。"[6]因而,台州的商船一般为中等船或钻风船。

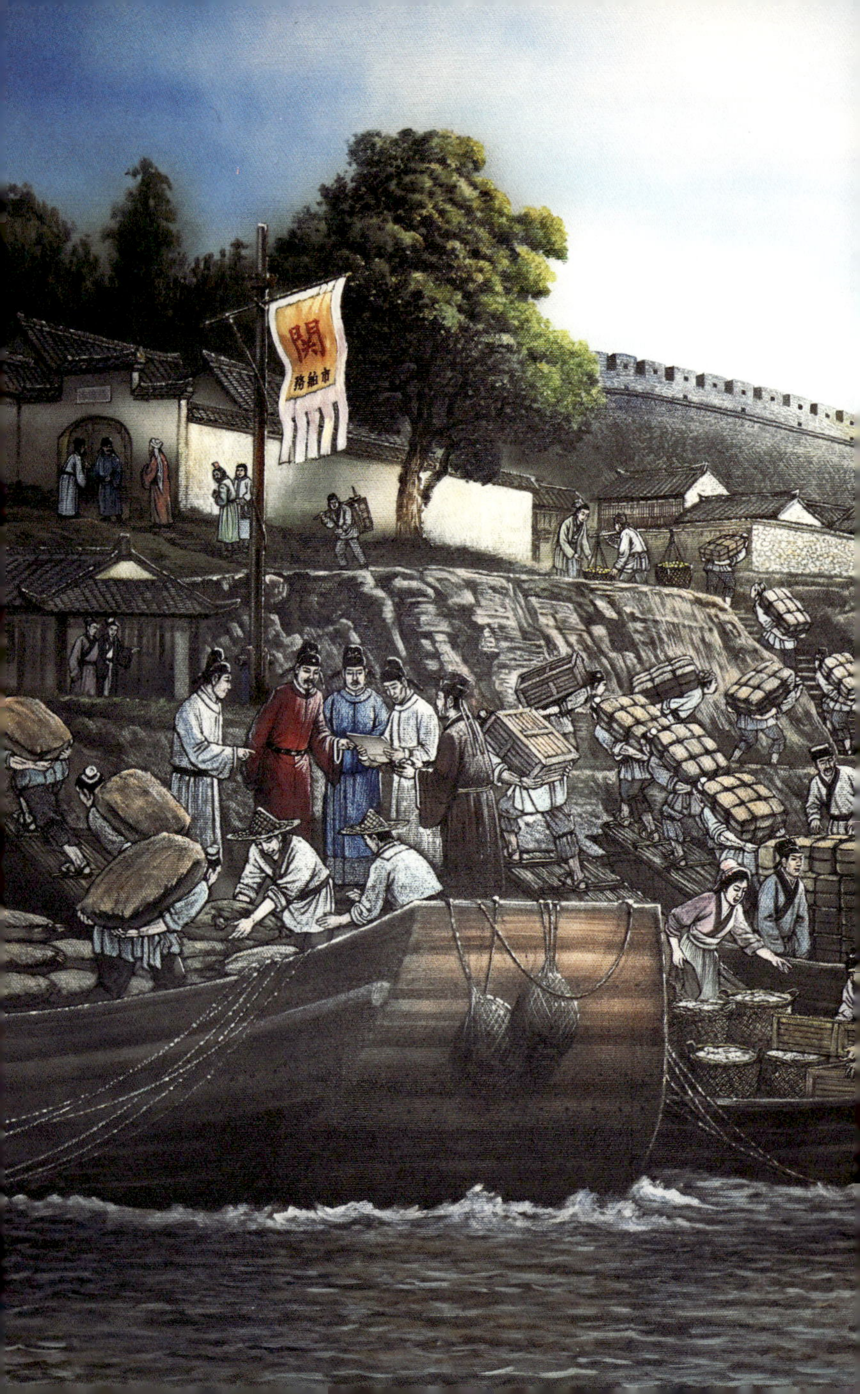
関
市舶務

台州商人将瓷器、书籍、棉、绢和土特产等商品销往日本、高丽及南洋诸国

说起来，台州也算是古代造船基地之一。北宋时，临海每年造船数量在百艘以上，东湖曾经就是官营造船工场。南宋后期，临海、宁海、黄岩三县纳入征调范围的民船多达6288艘，其中面宽一丈以上的达1006艘。[7]

民船多，意味着渔民、商人多。能见姓名于史籍的商人毕竟是少数，更多无名的小商小贩，以鱼干、纱帛为货，驾驶着小舟，从大船底下穿行而过。向大海讨一口生计，绝非一件容易的事，浮沉与搏浪之间，大约只有海风能抚慰他们的欢喜与哀愁。

购物指南

台州兼山海之利，自古以来物产富饶。《嘉定赤城志》云："台最濒海，且依山，地育人培，演迤深厚，又与他州不类，顾生之者众，而食之者亦殷。"——这是大自然的馈赠。

台州人爱吃海鲜，宋代就是如此。《嘉定赤城志》里记载了69种水产，多数都是海鲜，其中梅童鱼、水潺、望潮、青蟹等常见海鲜，早已摆上了餐桌。还有28种蔬菜、35种水果，以及鸡鸭鹅、牛羊猪等家禽家畜。从食材来看，当时的菜谱应当与今天没多大差别。

假如一个宋代的台州人，要到外地走亲访友，送什么礼最有面子？或者，宦游台州的异乡人在离开时，可以带走哪些特产留念呢？

买海鲜肯定不合适，当时的冷冻、保鲜技术不完善，放行李里，出远门，恐怕过不了几天就腐败发臭了，顶多买些黄鱼干、马鲛鱼干等干货。

买新鲜水果似乎是个选择。杨梅是代表性的台州水果。三国时期的《临海水土异物志》记载，杨梅"子如弹丸，赤色，五月中熟"。宋人经过培植，使之变得"大而甘"。或者考虑仙居的水晶葡萄，青绿色，"味尤胜"。但还是那个问题，保鲜期太短。

到底买什么好？不妨来看一看这份购物指南。

宋代台州特产，首推章安的干姜、黄岩的乳柑。

南朝齐、梁时道教学者、医药学家陶弘景说："干姜，惟临海章安二三村善为之。"[1] 到宋代时，章安周边的城门、黄杜都做干姜。乡民们把生姜先放在水里浸泡三日，去皮，再放到流水中，过六日，再去皮，然后晒干，保存在瓮中。煲汤、炒菜，放上一两片干姜，增香提鲜，喝一碗姜汤，辣呵呵的，很过瘾。

黄岩乳柑，主要分布于永宁江中游的断江、新界、东江一带，并延伸到方山之麓。断江产的最甜，方山下的味道就差不少。上好的乳柑，又大又甜，直径可达八九寸。丰收时节，园丁们把最好的果子采下来，可以卖个好价钱。相比于杨梅、葡萄，这类果子的保存时间更长，放一两个月不成问题。

干姜与乳柑一直作为当地的贡品，上贡给朝廷。据元代林昉《柑子记》记载，宋理宗立临海谢道清为皇后，谢后进献台州柑子。理宗"上手搦其皮，香雾溅酒面，凝而为乳"，故得名乳柑。

除了买些土贡，买丝织品也不错。台州属"越罗"产地，种桑养蚕者众多，农妇们"采桑风雨无辞苦，指日缫成白雪丝"[2]。

台州产丝织品中，光绫就有花绫、杜绫、绵绫、樗蒲绫4种，还有绢、纱、绉、绸等。其中，仙居黄奢（今属临海）出产的绢品质上佳。

宋人穿衣，不追求大红大绿，偏爱淡雅素净的风格。家住黄岩的赵伯沄，贵为皇室成员，日常服饰却以褐色为主。颜色虽不艳丽，但服装面料里，隐藏着各色暗花，如双蝶串枝、练鹊穿花、云鹤莲花等纹样，表达了一种"低调奢华"的审美情趣。

台州多名山——天台山、韦羌山、括苍山，山中多名药，常见的药材有63种。

黄精是天台的特产。这是一种天门冬科黄精属植物。山中人取其根状茎，经九蒸九晒而食，味道甘甜，可治脾胃虚弱、体倦乏力。白居易给天台郑隐士的诗中写道："丹灶烧烟煴，黄精花丰茸。"

仙居产附子、白芷，前者回阳救逆、散寒止痛，后者解表散寒、祛风止痒。临海产细辛，常用于风冷头痛、鼻渊、齿痛。黄岩产白术，可治虚弱枯瘦，食而不化，唐末五代高道杜光庭诗句"芝术迎风香馥馥，松桎蔽日影森森"，就题于黄岩空明洞。

这些药材有山民上山采集的，也有专门种植的，拿到市场上售卖。购买时，请认准产地，据说原产地不同，药效也不同。

文化人不妨买一些好纸。北宋时，台州有出色的造纸技术。苏轼在《东坡杂志》中记载，名士吕献可曾送给他台州的玉版纸，其质感要超过南唐后主李煜的澄心堂纸。米芾在《书史》里写道，将黄岩藤纸碰熟，揭其半使用，有"滑净软熟"的手感。

当时，台州各县都生产纸张，且质量上乘。临海产的叫黄檀纸、东陈纸，天台产的叫大澹纸，宁海产的叫黄公纸。黄岩用竹穰造纸，就是苏轼所记载的玉版纸。

以上这些特产，哪里可以买到？别担心，宋代商品经济很发达，州城、县城内到处是店铺，还有卖货郎担着货物，奔走于各县，互通有无。因此，哪里都能买到。

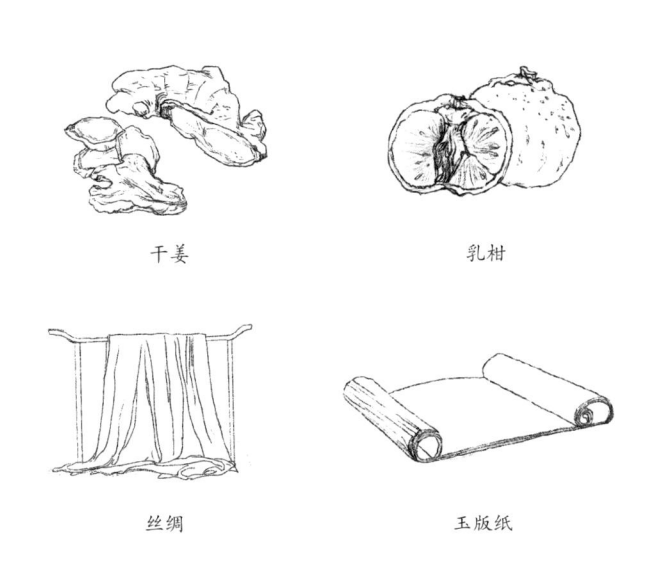

干姜

乳柑

丝绸

玉版纸

福利制度

"社会保障"一词，在20世纪30年代，才比较完整地出现在西方社会。

我们说起社会保障，或者社会福利制度的起源，一般认为出现在16至17世纪的欧洲。1601年，英国为解决城市贫困人口的生存问题，出台了《伊丽莎白济贫法》。该法案被称为世界上最早的社会保障法，英国也被认为是"最早的福利国家"。

那么，中国古代有社会保障制度吗？

当然是有的。中国历史上第一部真正意义上的济贫法——《惠养乞丐法》，颁布于北宋熙宁十年（1077）。该法规定，每年十月，各州县派人检查城内外老病贫乏不能自存者，予以登记造册，每人每日支给米豆共1升，十岁以下小儿减半。时间是从本年十一月初一开始发放，至来年三月的最后一天停止。这比英国的《济贫法》，要早了500多年。

北宋的元符元年（1098）、崇宁元年（1102），国家先后颁行"居养法"和"安济法"，规定各地建居养院和安济坊，前者收留无家可归的贫民，后者收治贫困病患。

到了南宋绍兴初年，绍兴府和临安府先后出现名为养济院的福利机构，主要收留孤寡老人、残疾人。绍兴十三年（1143），朝廷发布"养济法"，规定养济院要为鳏寡孤独废疾者和乞丐提供食宿和医疗救助。

这个法，那个法，说到底，就是政府出钱，给弱势群体兜底，并将这一行为制度化。两宋时期，社会福利之发达，不仅远超汉唐，之后的元明清都不能企及。

台州的福利机构，在嘉定四年（1211）获得大修整。当时的台州知州黄𫍯很关注民政民生，他重修了养济院和漏泽园，新建了安济坊。

养济院，原本在临海资圣寺下，后来重建于中津桥南。新的养济院有20间屋，内设安老坊和慈幼坊——顾名思义，就是养老院和育儿园，既赡养孤寡老人、残疾人，也养育孤儿。养济院有田产，每一年可收获1700石粮食，再加上政府补贴，可以养活百余口人。[1]

漏泽园，就是公共墓地，家贫无以葬者、客死他乡者，都能在这里安息。漏泽，取自《汉书》"德泽上昭天，下漏泉"，意思是皇恩浩荡，及于死者。

北宋崇宁三年（1104），朝廷诏令全国，由各州县派遣僧人，对那些暴露在野外的无主尸体进行安葬。台州的漏泽园大概修建于这一时期，位置在临海县东90里的法安寺旁，占地30余亩。

但随着时间推移，埋葬的人越来越多，漏泽园容不下了，四周的围墙也逐渐坍塌。黄𪩘派人将旧园修葺、扩建一番，又在神威寺、后岭庵旁添置新园，从此"永为邦人聚葬之地焉"[2]。

安济坊，就是福利医院，在台州子城内司理院附近。从前，流浪者生了病，无钱治疗，都散落在城市的各个角落。安济坊建成后，便可安置这些病人，里头日用品、食物、药品等一应俱全。[3]

这些福利机构的运行经费，主要有4种来源：一是户绝财产，就是一户家庭没了法定继承人，那么这户人家的财产，将部分或全部收归国有；二是常平息钱，宋代设有常平仓——一种调节粮价、储粮备荒的粮仓，地方政府往往以常平仓的钱为本钱，投资于放贷业，收取利息；三是个人捐助，一些乐善好施的富人会对福利机构进行捐助；四是赃款罚钱，即办案过程中收缴的财物。

福利机构也有一套规范的监督管理制度。地方州县的知州、知县，到乡村的保正长，都要对养济院、漏泽园、安济坊的管理负责。省里的提举常平司、提点刑狱司有权进行监督，并受理老百姓投诉。福利机构内部的管理也很规范。经费出纳有账目，被救助人员的接收、救治，死亡的原因、时间、年龄，以及葬埋时间等，都有详细记录。

宋代的福利制度，实际是一种"损有余而补不足"的社会共济模式——其反映出"抑富济贫"思想和对社会财富再分配的实践，与当代的福利主义不谋而合。就像宋代的台州人，生老病死，从摇篮到坟墓，都由政府来管，这是一个文明社会该有的样子。

城市保卫战

北宋宣和二年（1120），方腊起义。次年三月，仙居的摩尼教首领吕师囊响应方腊，率众攻克仙居县城，又接连攻下天台、黄岩、乐清等县，台温一带战火弥漫。

摩尼教，源于波斯（今伊朗），唐代传入中国，它还有个更为人知的名称——明教。金庸的《倚天屠龙记》中，张无忌就是明教教主。

宋代时，摩尼教为地下的秘密结社，不被官方所认可。信众一般在乡村建造斋堂，并"吃菜事魔"，即吃素食、侍奉魔王一般的偶像。作为摩尼教仙居分舵的舵主，吕师囊又被人称作"菜头"，就是"吃菜事魔"的头领。

在台州方言里，菜头是白萝卜的别称，这个绰号略带"萌"感。但在《水浒传》里，吕师囊可是被描写成

"马振铜铃响,身腾杀气高,乾坤无敌手,当阵逞英豪"的狠人。

话说吕师囊起义后,短时间内集结了万余人,浩浩荡荡攻向台州州治临海。时任台州知州赵资道、通判李景渊闻风,竟置全城百姓于不顾,落荒而逃。危急存亡之时,户曹参军滕膺站了出来,他"急下令发夫守险,增陴浚隍,除器募兵,积粮致用,分屯列栅"[1],率领城内军民殊死抵抗。

吕师囊围城一月,屡攻不下,只好转战他地,台州城百姓幸免于难。万一城破,后果不堪设想。

这场"台州保卫战"中,究竟有多少兵力参与了防御?从史书中,可窥见一斑。

据《嘉定赤城志·军防门》记载,台州城内共有5所军营:雄节第六指挥营在州城东北天庆观前,有编制500人,另有将校10人;威果第六十指挥营在州城东米仓前,编制400人,另有将校10人;崇节第三十一指挥营在州城东南靖越门内,编制500人,另有军官41人;牢城第十三指挥营在州城东都米仓前,编制200人,另有军官30人;壮城指挥营起初在崇和门外的东湖，后搬入城内，编制100人。军队编制一共1791人。

各军营番号不同，军种亦不相同。雄节营和威果营属于禁军，崇节营、牢城营和壮城营则属于厢军。

宋朝的军队，采用"禁军—厢军"二元组织结构。禁军，即"天子之卫兵"，是中央直属军队。厢军，即"诸州之镇兵"，隶属于地方。两个军种之间，人员会互相流动。厢军里的精兵可入禁军，禁军里的弱兵则下放至厢军。厢军也可通过教阅，升级为禁军。台州的雄节第六指挥营，原属于厢军崇节指挥营，系熙宁六年（1073）教阅后，改番号为雄节，"升同禁兵"[2]。

牢城营，是配军的集中场所。说白了，就是罪犯充军，成为牢城兵。宋朝有配隶法，"以有罪配隶给役"，使罪犯充军成为定制。牢城兵不是职业军人，要从事不同的工役。比方说，在朱熹弹劾唐仲友一案中，有个重要证人蒋辉，因为制作假钞被捕，发配到台州牢城营，在官办的酒厂里干苦力。

壮城军，是修筑和维护城垣的专业兵种，"专治城隍，不给他役，别为一军"[3]。北宋时，台州城墙因洪水侵袭，有 4 次大规模维修，壮城兵就是工程队的主力。他们还负责城墙的日常修缮工作。

除了以上的正规军，台州城内还有一支基层的武装力量——弓兵。弓兵，不是弓箭手，而是负责社会治安、侦破案件、捉拿盗贼的，由临海县尉司统辖，有 80 人编制。

由此计算，在满编的状态下，台州城内共有兵力 1871 人。考虑当时军队有"缺额"现象，城内实际的兵力，可能在 1700 人左右。[4]

当吕师囊大军压境，"水陆并下，蔽塞川野"[5]。滕膺带领着 1700 位军人，并招募城内青壮年，凭借城池之险，奋力守城。老幼妇孺也加入进来，搬运的搬运，送饭的送饭。就这样，坚持了一个月，直到城外的农民军散去。战争过后，城墙多圮坏，一位叫黄袭明的邑绅带头捐资，修补城墙。

宣和三年（1121）四月，方腊被擒。十月，吕师囊也兵败。《水浒传》中说，他被金枪手徐宁一枪挑于马下。《宋史》记载，吕师囊在黄岩被宋军将领杨震生擒，另一种说法是为何灌所擒。

顺道说一嘴。吕师囊之乱平定后，脚底抹油的通判李景渊回来了，还霸占了滕膺的功劳，得以加官晋爵，当上了台州知州。而老实的滕膺，只有"捕盗七人之赏"[6]。

虽没得到应有的封赏，但滕膺收获了台州百姓的爱戴。他调任后，台民为其立生祠。淳熙八年（1181），时任台州知州唐仲友又为他建了新庙。庆元元年（1195）正月，因台州士民所请，朝廷赐额"义灵庙"。全城老幼奔走迎拜，大家都说："往岁盗起帮原，连陷六州，戎毒所加，民无噍类。而吾台人独得全其室家，仰父俯子，传世不绝，以至于今者，滕侯力也。"[7]大儒朱熹还为此写了一篇碑记。至于那些欺世盗名之辈，谁会感念呢？

天地之间有杆秤，那秤砣是老百姓。

假如穿越回南宋的台州城

假如穿越回南宋的台州城,你大概不会迷路。因为当时台州城的格局,与今天临海的台州府城文化旅游区相比,并无太大差别。

登上城北大固山,你从山顶俯瞰,台州城是这样一番景象:西、南两边毗邻宽阔的灵江,北倚千仞大山,东郊有东湖映秀。城墙逶迤如臂弯,将城市环抱其中。城内,西北子城为州衙所在,东南巾山有文峰双塔对峙。

初秋的早晨,你不妨从兴善门进城。右手边就是巾山,山下有座报恩光孝寺,始建于唐,今天叫龙兴寺。寺内有座千佛塔,一口铜钟,都是唐朝留下来的。天蒙蒙亮,和尚就起床敲钟,"咚——咚——咚——",钟声庄严而悠远。

树叶结露珠的天气,适合登山。巾山不高,海拔百余米，刚好出身汗。山上有明庆塔院，院北的广轩，可看尽城内的街坊巷陌；院南的翠微阁，能远眺郊外村落。巾山是一座诗山，历代文人墨客到临海，必定登山感怀。南宋绍兴二十六年（1156），诗坛领袖曾几七十一岁高龄，任台州知州。你若在巾山偶遇这位白发知州，不妨听他吟上一段："青铜镜外翠屏绕，中有万屋鱼鳞差。古来二事不兼得，此地一览俱无遗。"（《同郑禹功登巾子山》）

从巾山下来，回到兴善门，前方有一条长街，今日称作紫阳街。长街尽头是悟真庙和悟真坊，因纪念紫阳真人张伯端而得名。张伯端生于北宋太平兴国九年（984），曾在台州衙门做小吏，后著《悟真篇》，终成一代高道。他是这座城市的最佳代言人。

长街上，早市开始喧哗起来。沿街两旁，既是民居，又是店铺。早餐店已开张，门口冒着热腾腾的白气。有农民担货进城，叫卖声不绝于耳。在国都临安御街，卖早市点心，有煎白肠、羊鹅脏器、糕、粥、血脏羹之类，还有烧饼、蒸饼、糍糕、雪糕等。台州作为辅郡，州城之繁华应不遑多让。建炎南渡后，大量北方、中原人南迁，台州是一大迁居地。北方人带来的麦子，带来的面食习惯，很快被江南人接受。今天临海人爱吃麦饼、面皮，大抵可以追溯至南宋时期。

吃完早点，上午，是游园好辰光。向东走，出了崇和门，就是东湖园林。这座台州最大的园林，向公众免费开放，每到晴好天气，市民结伴出游，在湖边赏景、野餐、歌唱。泛舟东湖上，水光山色，幽榭小桥，不愧为"一郡游观之胜"。

游园半日，你应该累了，腹内空空，赶紧找家饭馆吃个饭。宋朝是美食的黄金时代，炖、煮、炒、熘、卤、腊等烹饪技术都已成熟。从现存菜谱来看，宋人爱食羹汤、水产菜。《梦粱录》所列的243种菜肴中，羹汤类达24种，鱼虾类的水产菜有112种。

在台州，当然得吃海鲜。宋代台州人有自己的海鲜吃法，如鲑鱼，"烹之必去齿目涎血，冬月为上味，腹有朋，白如酥，名西施乳"；螃蟹，"糟之可致远"；银鱼，"以为鲊尤美"。[1] 你千万不要担心厨师的手艺。如今网友戏称为"美食荒漠"的杭州，在南宋时，有宋五嫂这样的名厨，一道宋嫂鱼羹千古留香。而美食文化浓郁、走出过"新荣记"的临海，在宋代的酒楼茶肆之间，想必也藏着无敌而寂寞的烹饪高手。

江南多潮湿，台州人因此"驯服"了姜。家烧海鲜用姜，下米面用姜，炖蛋用姜，连糖里都放姜。天再冷些，若未及时添秋衣，导致风寒，大可喝一碗姜汤，湿寒之气随汗排出，你会感受到一种来自灵魂深处的舒坦。

吃饱喝足，下午，就看看戏、喝喝茶。

看戏可以去节孝巷（今友兰巷），在台州子城的东南面。老百姓更愿意把它叫作勾栏巷，勾栏指代戏台，勾栏巷就是有戏台的地方。宋时台州有官办的杂剧班子，民间的南戏、木偶戏也很盛行，于是在巷子里设一戏台，供官府庆节宴会和百姓观看演出。南宋名歌伎、女词人严蕊就住在勾栏巷北的璎珞巷，两巷相连，严蕊走出家门几步路，就能登台献艺。

当年流行的戏，有蔡伯喈的故事。蔡伯喈是个读书人，考中状元，被宰相招为女婿，享荣华富贵。他的发妻赵贞女见丈夫许久不回，便进京寻人。谁知蔡伯喈贪图富贵，竟不肯相认，还纵马相害赵贞女。此事被天上玉帝知晓，派雷公、电母将蔡伯喈天打雷劈。这出戏人人爱看,有"满村听说蔡中郎"之景。

三国戏也很受欢迎。桃园结义、赤壁之战、三分天下,古今兴废事,都付戏台中。受宋金战争影响,时人褒刘而贬曹。南宋学者车若水在《脚气集》里写到,论三国者以蜀汉为正朔。当戏演到曹操大败时,落荒而逃时,台下一片叫好声。当诸葛亮星落五丈原时,观众们默默拭泪。

至于喝茶,你不需要到特定某个地点,因为满大街都是茶坊、茶肆。台州盛产好茶,尤以天台茶闻名天下。天台茶有三品,紫凝为上,魏岭次之,小溪又次之。此外,临海的延峰山、仙居的白马山、黄岩的紫高山、宁海的茶山所出产的茶叶,都是茶中珍品。[2] 台州也是茶道的输出地,宋乾道四年(1168)、淳熙十四年(1187),日本的荣西禅师两度登天台山,在万年寺钻研禅学,并亲身体验种茶制茶技术、煮茶泡茶方法、饮茶文化及其功效,回国后完成著述《吃茶养生记》。

晚饭时间,可以喝点小酒。临海有15家官办酒厂,但环城内外,还有2000多家民间的造酒作坊,酒业规模之大,超乎常人想象。不过宋代高度白酒尚不多见,这些酒大致都是低度的糯米酒和果酒,请放心饮用。

入夜,玩了一天,你累了,得找个客栈安顿下来。宋朝的旅店业很发达,"州府县镇,驿舍亭铺相望于道,以待宾客"[3]。北宋熙宁五年(1072),日本僧人成寻参拜天台山、五台山,一行人在由明州上京途经剡县时,曾住"张九郎家",所付的房赁钱"五十文"[4],也就是说,一般的民宿大概就五十文钱,以购买力折算人民币,约为二三十元。到了南宋,物价有所上涨,但也不至于太贵。

在旅店里,洗个热水澡,就可以美美地睡一觉了。进入梦乡之前,你也许会想:这样的城市生活,不如再多待几日。

宋代台州城的格局，与今天的台州府城文化旅游区相比，并无太大差别

读史记

赵构驻跸金鳌山、朱熹弹劾唐仲友,应当是宋代台州发生的最重要的两件事,史书多有记载。

今人讲故事容易,要探寻历史真相,却何其艰难。历史人物无法以单纯的善恶评价,历史事件也很难简单地用对错评判。

我想与诸君分享的,仅仅是人心而已。

宋高宗驻跸金鳌山

南宋建炎三年（1129）七月，宋高宗赵构升杭州为临安府，打算在这个"安乐窝"里暂时歇脚。

两年前，靖康之变，金军攻陷开封，掳走了宋徽宗、钦宗父子和王公贵族、在京大臣、艺伎工匠等各色百姓，共计十万余人，北宋因此灭亡。

当时还是康王的赵构，因外出议和，幸免于难。在众多大臣的拥护下，二十岁的赵构在南京应天府（今河南商丘）即位，南宋建立。

得知赵构称帝，金国立即挥兵南下，誓要将这个小朝廷扼杀于襁褓之中。正在扬州享乐的高宗，一听金兵来袭，慌忙逃跑，连龙袍和玺印都没拿，就仓皇渡长江，旋即跑到了杭州。

改杭州为临安，有"临时安顿"之意，潜台词是，将来还要收复失地、重返汴京。然而,金兵攻势实在太猛,所过州县,或一击即溃,或不战而降。金国大将完颜宗弼(金兀术)杀气腾腾,扬言"搜山检海",也要捉拿赵构。

屁股还没坐热的高宗,只好继续南逃,十月逃到越州(今绍兴),十一月至明州(今宁波)。到了十二月,避无可避,有大臣建议,金人骑兵厉害,却不善水战,不如往海上逃。高宗采纳了这条建议,十二月十五日,他登上御船,开启了一段亡命漂流之旅。

建炎三年(1129)至四年之交,宋高宗的船队从昌国县(今舟山)一路南行。海上刮起南风,愈刮愈烈,船随浪颠簸。

除夕夜,原本是辞旧迎新、阖家欢乐的日子。高宗的海上船队,却被恐惧的阴影所笼罩。金军已追抵明州,上岸必死无疑;在海上,翻船则葬身鱼腹,不翻船,无物资补给,也迟早饿死。船上的每个人都在祈祷,希望能安然度过新年。

正月初一,天公总算不作对,南风转北风,船队得以顺利南行。次日,船队驶入台州湾。正月初三,御船停靠在椒江北岸的章安镇。

章安,原为临海郡的郡治所在。自隋开皇十一年（591）,治所迁到临海县,章安变成临海的港口镇市。

漂泊许久,总算能靠岸了。高宗下船,指着前方的山问:"此何山?"当地人说:"金鳌山。"见眼前一片滩涂,问:"此何滩?"船家答:"牡蛎滩。"[1]

高宗一行人穿过滩涂,登上金鳌山,来到山中的祥符寺。皇帝此时已饥肠辘辘,便向寺僧讨食吃。

小寺很穷,拿不出像样的食物,仅有岁忏用的五块炊饼,另有园中蔬菜,放了些姜和盐,都进献给了皇帝。高宗饥不择食,拿起炊饼,大嚼起来,一口气吃了三个半。当晚,他就睡在了寺庙里面。

得知高宗驻跸金鳌山,台州知州晁公为等官员赶来接驾。他们带来了大量稻米、钱和帛,解决了船队的断粮之虞。

赵构似乎对金鳌山风光颇有好感,住在寺庙期间,他赋了一首《金鳌阻潮》:"碧天低处浪滔滔,万里无云见玉毫。不是长亭多一宿,海神留我看金鳌。"

正月十五,高宗在章安过了元宵节。传说,元宵节前，有两艘船靠近了御船，吓了高宗一跳，一问才知道，原来是贩卖柑橘的商船，被大风吹进了港。

高宗命人将船上的柑橘全买下来，分给卫军，"令食穰，取其皮为碗"，元宵夜"乃命贮油于柑皮中，点灯，随潮退放入海中。时风息浪静，水波不动，有数万点火珠荧荧，出没沧溟间"[2]。实在是一幅绮丽的画面。

元宵夜，宋高宗在金鳌山下点橘灯

另一边，完颜宗弼于十六日攻陷明州。章安已非久留之地，十八日，高宗发舟南行，去往温州沿海。

金鳌山，成了高宗逃亡途中的重要一站。这段故事，也被诸多文人记录下来，见于《云麓漫钞》《三朝北盟会编》《南村辍耕录》等书中。

宋高宗不知道的是，紧跟在他身后的，除了金兵，还有一个女人，全身缟素。她便是大名鼎鼎的易安居士李清照。

靖康之变发生这年（1127），李清照四十三岁，北方陷于一片战火中。她收拾了毕生收藏的书籍、金石，从山东青州出发，辗转南下，与丈夫赵明诚会合。

谁知，两年后（1129），赵明诚在赴湖州知州任上，突然染疾去世。永失所爱的李清照，不得不带着一批稀世珍宝，在兵荒马乱中孤独地游荡。

她无儿无女，唯一可投靠的人，是弟弟李迒。李迒时任敕令局删定官，是负责编辑朝廷敕令的小官，正跟着皇帝一路南逃。

朝廷逃跑的速度异常快，李清照在后面追，屡屡扑空。她追赶的路线，详细记录在《金石录后序》中：

"到台,台守已遁,之剡,出陆,又弃衣被,走黄岩,雇舟入海,奔行朝。时驻跸章安,从御舟海道之温,又之越。"

她总是慢半拍,赶到章安时,高宗已先一步去温州了。据说,她的《清平乐·年年雪里》就写于这段羁旅中:"年年雪里,常插梅花醉。挼尽梅花无好意,赢得满衣清泪。　今年海角天涯,萧萧两鬓生华。看取晚来风势,故应难看梅花。"——诗意悲凉,字字锥心,这才是真正逃难者的样子。

高宗于二月初二,停泊温州江心屿,本想继续南逃福建,因完颜宗弼在明州抢劫商船、组建水军,欲下海擒他。不承想,北国骑兵一上船,晕的晕、吐的吐,战斗力锐减,在海上,又遇到和州防御使张公裕率领的宋军水师,被痛打一顿,只好退回明州。

已知捉赵构无望,金军一路烧杀抢掠、放火焚城以泄愤,然后携战利品北返,再不提"搜山检海"一事,可怜沿途的无辜百姓。

得知金军撤离,高宗才从温州泛海回到越州。再次途经台州时,还发生了御船搁浅,几乎翻船的事故。这次长达4个月的海上流亡,始于建炎三年(1129)岁末,干支纪年为己酉,为了让皇帝不那么难堪,官方称之为"己酉航海"。

德祐二年(1176),距离高宗驻跸金鳌山过去了146年,文天祥也来到了台州。他受命入元营谈判被扣押,自镇江京口脱险,经苏州洋,往浙东沿海的明州、台州一路南下,再往温州。与当年高宗逃跑的路线大致无异。途中,他"穷饿无聊,追购又急,天高地迥,号呼靡及"[3]。到了金鳌山下,夜幕降临,风狞雨恶,40年山河破碎、身世浮沉,化作椒江的一股巨浪,一瞬间要将他击垮。

这般心境中,他写下了《夜潮》:"雨恶风狞夜色浓,潮头如屋打孤蓬。漂零行路丹心苦,梦里一声何处鸿。"

此时,临安城已陷落,南宋灭亡。可以说,金鳌山见证了这个王朝的"出生入死"。

又过了300多年,清朝入关。改朝换代之际,有人悲愤欲绝,以身殉国;有人举起义旗,反清复明;还有人抱遗民之痛,绝意仕进,栖身于田园,一头扎进诗文中，比如《水浒后传》的作者陈忱。

《水浒后传》讲了一个有趣的故事。话说一众梁山好汉在混江龙李俊的带领下，仿效隋末虬髯客，远走海外，来到暹罗国的金鳌岛。他们在岛上开垦、练兵、贸易，日渐强盛。

后来，宋高宗在海上被金兵追赶，漂流到金鳌岛牡蛎滩。李俊等人及时出现，大败金兵。高宗大喜，册封李俊为暹罗国王，公孙胜、柴进、燕青等均有官职。

金鳌岛、牡蛎滩，竟然与台州的金鳌山、牡蛎滩如出一辙，这或许不是巧合。陈忱是浙江乌程（今湖州）南浔镇人，自号雁宕山樵，顾名思义，就是雁荡山的樵夫，想必来过温台一带，对当地传说典故熟稔。他的创作，也多基于文人笔记。比方说，《水浒后传》中，有徐神翁题诗："牡蛎滩头一艇横，夕阳西去待潮生。与君不负登临约，同上金鳌背上行。"向李俊等人预言高宗的到来。这个故事，来源于元代陶宗仪的《南村辍耕录》。再比如，小说里，高宗于腊月二十八登金鳌岛，这个日期与《云麓漫钞》的记载相吻合，但历史上，高宗登金鳌山的真实日期，应是正月初三。

陈忱应当是以台州金鳌山与高宗驻跸金鳌山事件为原型，创作了小说中的金鳌岛。在他笔下，金鳌岛有五百里广阔，田地膏腴，五谷丰稔，四围高山峻岭，只有南面岛口可通船，易守难攻，梁山好汉在这里建造了"海外中华"——这是一个乌托邦式的岛屿，寄托了作者美好的幻想，毕竟现实中，反清复明已成奢求。

文学很难对现实造成影响，作者借此来寻找一个精神的出口。对我们读者来说，也是一样。如果读历史感到哀伤，不妨间或读一些文学。既然无法改变外部世界，就没必要钻进情绪的死胡同里面，不是吗？

钱王铁券的时光漂流

南宋绍兴元年（1131），距离北宋国都汴梁失陷，已过去4年。一位年迈的公主，历经颠沛流离，终于来到台州临海，一个让她可以落脚的地方。

她是秦鲁国大长公主，宋仁宗赵祯的第十个女儿。"靖康之难"中，在京城的皇室成员，无论男女老少，都被女真人掳去北方。她却幸运地躲过一劫，与嫡长子钱忱等人一同迁往南方。

逃难中人无法携带太多行李，只把最珍贵的物品带在身边。公主的行囊中，有一方弧形的铁瓦，上刻333字，字体晶光闪烁。这是她丈夫钱景臻祖上的宝物——唐昭宗赐钱镠金书铁券。

铁券世藏于汴京昭化坊钱府，而今随公主来到临海。宋高宗赵构对这位曾祖姑母礼遇有加，在台州城东北赐她"美德坊"牌匾,并赐府邸一座。她的儿子钱忱后来官至少师,封荣国公。

金书铁券也随着钱氏家族在台州"住"下了,这一住,就是764年。

金书铁券,也称丹书铁券,是古代帝王颁给功臣、重臣的一种凭证,具有刑罚豁免权。说通俗点,就是免死金牌。

从目前的史料来看,免死金牌的开创者是汉高祖刘邦。他为了笼络功臣,颁发丹书铁券以褒奖,表达他愿与功臣世代永享富贵的决心。[1]

皇帝信誓旦旦,但真正能兑现承诺的并不多。韩信、彭越等都是大功臣,最后落得个兔死狗烹的下场。汉初受封赏的功臣有100多个,到汉武帝时,只有5个功臣后裔保留侯爵,其余均因犯法而获死罪。

不过刘邦以铁券笼络功臣的做法,却为后世皇帝所效仿。唐代的铁券,能免除受赐者除谋逆罪之外一次或数次死罪。唐末时,朝廷式微,地方藩镇势力抬头,统治者用铁券拉拢人心,已流于滥用。唐朝廷不惜为免死金牌重重加码,如增加免死次数、为后代免死等,来安抚藩镇势力——唐昭宗赐给钱镠的铁券,就是证明。

钱镠出身贫困,年轻时以贩私盐为生,后投靠到石镜镇将董昌帐下,成为一员猛将。唐景福二年(893),钱镠已占据浙西数州之地,朝廷拜他为镇海军节度使。

董昌的野心则日益膨胀,乾宁二年(895),他在越州自立为帝,在境内实行残暴统治。钱镠奉命平叛,一年后,他攻克越州,斩董昌,一举控制两浙,成了割据一方的势力。

为了表彰钱镠效忠朝廷,同时对他进行笼络,乾宁四年(897)八月,唐昭宗特赐钱镠金书铁券。铁券形如筒瓦,中穹旁垂,质如绿玉,上嵌金字诏文。诏文中写了唐昭宗赐给钱镠的爵衔、官职、邑地,以及褒奖他平定董昌的事迹。

文末还写道:"长河有似带之期,泰华有如拳之日。惟我念功之旨,永将延祚子孙,使卿长袭宠荣,克保富贵。卿恕九死,子孙三死。或犯常刑,有司不得加责。承我信誓,往惟钦哉。"意思大概是,哪怕长江黄河干涸得像根带子,泰山华山缩小得像个拳头,我大唐皇帝李晔向你钱镠保证,使你永葆宠幸富贵。你可以免死九次，你的子孙可以免死三次，若有一般的刑罚，官员不得过问。

钱镠获得这道铁券，感动得哭了。他说：我才四十六岁，就受到如此厚赏，皇恩难报啊！并以此告诫子孙，有了铁券，更要谨慎地过每一天，不要抹黑，不要闯祸。他还请文学家、钱塘县令罗隐起草《谢赐铁券表》，向朝廷奏陈诚敬之情。

感动归感动，但史实是，朱温指使部下杀害唐昭宗时，钱镠并未声讨；朱温篡唐建立后梁政权，钱镠也表示臣服，并受封吴越王。在晚唐、五代十国那个"乱斯极矣"的时代，金书铁券仅仅具有象征意义，很难有实际的恩惠。

不过，钱镠很珍视这块铁券，将它深藏于王宫中，世代流传。

吴越国偏安一隅，远离中原纷扰。主政期间，钱镠扶植农桑，开拓海运，将江浙一带打理得井井有条。北宋名臣赵抃有诗云："是地却逢钱节度，民间无事看花嬉。"

吴越宝正七年（932），钱镠在杭州病故，终年八十岁，谥号武肃。他遗言要子孙"善事中国"，"如遇真主，宜速归附"。过了46年，他的孙子钱弘俶"纳土归宋"，吴越十三州正式划入宋朝版图。

金书铁券则由钱弘俶之子钱惟濬保管。钱惟濬去世后交给他的弟弟钱惟演，钱惟演传给他的第二个儿子钱晦，继而又传给钱惟演之孙、钱暄之子钱景臻——也就是秦鲁国大长公主的丈夫。

建炎南渡后，铁券移藏台州。公主的儿媳唐氏，与大诗人陆游的母亲是姐妹。陆游年少时，随母亲到姨母家，拜谒了大长公主，也亲眼看到了金书铁券。多年以后，他回忆道："某年十二三时，尝侍先夫人，得谒见大主，铁券实藏卧内，状如筒瓦。"[2]

南宋德祐二年（1276），蒙古大军南下，临安陷落，当元军将至台州时，钱氏后裔携金书铁券逃难。兵荒马乱中，铁券坠入河中，从此没了下落。

神奇的是，到了元至顺二年（1331），一个捕鱼人在黄岩南泽库（今温岭泽国）附近的水中打鱼，捞上来一个铁瓦，以为不值钱，将其抛在一旁。村里一个老学究看到了，断定这铁券不是寻常物，立刻把它从渔人手中买走。这事情传到了钱氏十四世孙钱世珪耳中，他专程找到老学究，用十斛谷子买回了铁券。由于浸水太久，嵌在铁券上的后半段的金字剥落了不少。

朱元璋建立明朝初期，想效法前朝，赐予开国元勋金书铁券。但礼部的人谁都没见过铁券的真实样子，束手无策之际，翰林学士、文学家危素上奏给朱元璋说，唐昭宗曾赐给钱镠金书铁券，听说这道铁券至今藏在临海钱氏家中，也许可以此为蓝本，打造我们大明朝的金书铁券。朱元璋一听，那敢情好，立刻下旨召见钱氏后人。

当时保管金书铁券的，是钱氏十五世孙钱尚德，他接旨后，哪敢怠慢，拿着铁券匆匆赶往京城。朱元璋看到铁券后，大为赞赏，命礼部仿照它的样式，用木头雕了一个模板出来，再将铁券还给钱尚德。此次铁券进京，一时间成了"大新闻"，各路官员纷纷观瞻，文人争相唱和，刘基、宋濂等以诗赠之。

说起来，在洪武一朝，这道金书铁券还真派上过用场。洪武二十四年（1391），都察院发现钱尚德之子钱用勤在任职建昌知府期间，有税粮短缺的情况，因此将钱氏抄家入籍。钱用勤之子钱怟为了救父亲，带着金书铁券进京面圣，恳请朱元璋看在钱氏一族世代忠君爱民的份上，宽恕其父亲的罪孽。朱元璋当真下令，将田产家财还给钱氏，铁券仍由钱家保管。不论朱元璋出于何种目的，这是钱镠铁券唯一一次发挥作用。

宋明以来，钱镠金书铁券经陆游、刘基等人题跋，还呈宋太宗、宋仁宗、宋神宗、明太祖、明成祖等帝王御览，是当之无愧的国宝。

清乾隆二十七年（1762），乾隆皇帝弘历第三次南巡时，也想一睹这稀世宝物的风采。原刑部尚书钱陈群与台州钱氏后裔钱选一同把铁券送到常州，呈给乾隆把玩。乾隆很高兴，还写了一首《观钱镠铁券作歌》："表忠观永祀钱塘，铁券却在台州藏。久闻其名未睹物，秋卿同族今呈将。铸铁如瓦勒金字，乾宁岁月犹存唐。……"他命人将这首诗刻在一只木匣子上，作为装铁券的容器，赐给钱氏后人。

清代后期，金书铁券藏于临海白石山下（今临海大田街道岭外村）的钱氏一族家里。据清代学者钱大昕在《潜研堂金石文跋尾》中写道："券藏白石村民钱文川

钱王铁券盒盖所镌乾隆御制诗拓本

道光十二年（1832），洪瞻墉钩摹之钱王铁券

钱王铁券全文，郭翰工楷抄录　临海市博物馆提供

家。"光绪二十一年（1895），村里发生了一件怪事，日夜有人把守的宗祠竟遭盗窃，铁券不翼而飞。

后来，铁券在嵊县（今绍兴嵊州）出现，被时任县令、常熟人徐印士以400银元买去。这事被钱氏三十二世孙钱文选获知，他与嵊县长乐乡一大批钱氏族人，向徐印士据理力争，终于以原价赎回铁券。赎回之日，长乐乡钱氏族人连演10天戏，以示庆贺。由此，金书铁券也从临海钱氏转藏于嵊县长乐钱氏。

1942年，嵊县沦陷于日寇。钱氏族人为防铁券遗失，将其涂油封蜡，严密保封，藏于族人钱赓麟家的深井中。这口井秋天水清，一眼见底，钱赓麟夫妇每天往井里面倒污泥，将水搅浑，如此坚持到抗日战争胜利。1945年11月，天气已冷，钱赓麟喝了口白酒，下井取出铁券，剥开一看，保存完好。[3]

新中国成立后，钱氏族人将金书铁券捐赠给了浙江省文物管理委员会。1959年，钱镠金书铁券被鉴定为国家一级文物，如今收藏在中国国家博物馆。历经几十代风雨，铁券有了最好的归宿。

而乾隆御赐的装券匣子，在1957年，由临海大田的钱氏族人交给临海文管组保管，现藏于临海市博物馆。

都说文物是时间赠予的礼物，但若没有钱氏族人一代代悉心保管，今天的我们也无法亲眼看到这件无价之宝。他们以祖先的历史为荣耀，以"集体无意识"的方式传承荣耀的证物，这种文化价值，事实上超越了文物本身的价值。

朱熹弹劾唐仲友,背后水很深

一

明代凌濛初的小说集《二刻拍案惊奇》,戏说了一桩台州公案。

话说南宋淳熙九年(1182),时任浙东提举的朱熹巡历台州,弹劾台州知州唐仲友,说他贪污腐败,还跟歌伎严蕊有不正当关系。

为了取得进一步口供,朱熹把严蕊抓了起来,刑讯逼供,让她招出更多细节。谁知严蕊虽为弱女子,却是根硬骨头,打死都不招。

面对狱官,她正色道:"天下事,真则是真,假则是假,岂可自惜微躯,信口妄言,以污士大夫?今日宁可置我死地,要我诬人,断然不成的!"[1]

一番慷慨陈词,把狱官震慑住了。

民间同情严蕊遭遇,议论之间,都敬佩她的义气。四方侠义少年,还特地跑来探望她。

后来,岳飞之子岳霖当了浙东提刑,重审严蕊一案。听闻严蕊擅长填词,岳霖就叫她当场填一首。

严蕊略加思索,把这些日子的心事,附着到词中,口占《卜算子》:

不是爱风尘,似被前缘误。花落花开自有时,总赖东君主。

去也终须去,住也如何住?若得山花插满头,莫问奴归处。

岳霖听罢,对严蕊的才情大加赞赏,当即将她无罪释放了。再后,严蕊嫁与宗室,皆大欢喜。

这篇《硬勘案大儒争闲气 甘受刑侠女著芳名》,把严蕊刻画成侠女,唐仲友是个风流知州。而大儒朱熹,则被刻画成一个偏执狂,是个心胸狭隘、道貌岸然的伪君子。故事的结尾,英雄后人岳霖主持正义,还侠女一个清白。

凌濛初写小说，倒也不是凭空创作，而是基于宋人笔记敷演而成。宋代洪迈的《夷坚志》、周密的《齐东野语》，都记载了这一则故事。

洪迈与朱熹是同时代人，同朝为官，但两人关系很恶劣。洪迈早年在"主和派"宰相汤思退门下，主张宋朝与金国和谈。朱熹却是"主战派"，他抨击洪迈"奸险谗佞，不宜在人主左右"[2]。

因此，洪迈在《夷坚志》里，给朱熹编排了这样一出"好戏"。

为什么说是编排？因为，《宝庆会稽续志》里，详细记载了从南宋乾道至庆元年间，担任浙东提刑的人名，并没有岳霖。淳熙八年至十年（1181—1183），担任浙东提刑的是傅淇和张诏。[3]

那首脍炙人口的《卜算子》，也非严蕊所作，原作者应当是唐仲友的表弟高宣教（宣教，是宋代迪功郎的别称）。王国维先生在《人间词话》中对此考证过。

更何况，宋代时律法已然严谨。若提刑官仅凭一首词，就释放了疑犯，岂不是太儿戏了。

周密《齐东野语》成书时，距离朱唐案已过去七八十年，其中添加了许多"八卦"。比方说，朱熹与唐仲友之所以交恶，是陈亮（南宋文学家、永康学派创始人）从中作梗。

陈亮到台州时，看上了一个官伎，想把她带走。但唐仲友对官伎说，陈亮是个穷光蛋，你跟着他，只能受冻挨饿。官伎一听，自然不愿意了。

得知唐仲友如此不厚道，陈亮很恼怒，就跑到朱熹面前告状："唐仲友说你朱老夫子不识字，怎么当监司啊。"[4]

朱熹听后，气上心头，借故前往台州巡察，到州城临海时，唐仲友未能及时来迎接。朱熹顿时觉得：陈亮说得没错，唐仲友这小子看不起我。于是，他便搜罗罪状，向朝廷弹劾唐仲友。

此事被宋孝宗知道了，问宰相王淮，朱唐二人是怎么回事。王淮轻描淡写地说，就是两个秀才争闲气罢了。

周密在故事结尾写到，上述情节，是从台州乡亲那边听来的，作为《夷坚志》的补充。[5]

台州坊间流传这样的故事，一方面，可能是受到《夷坚志》等笔记的影响；另一方面，也许出于偏袒弱

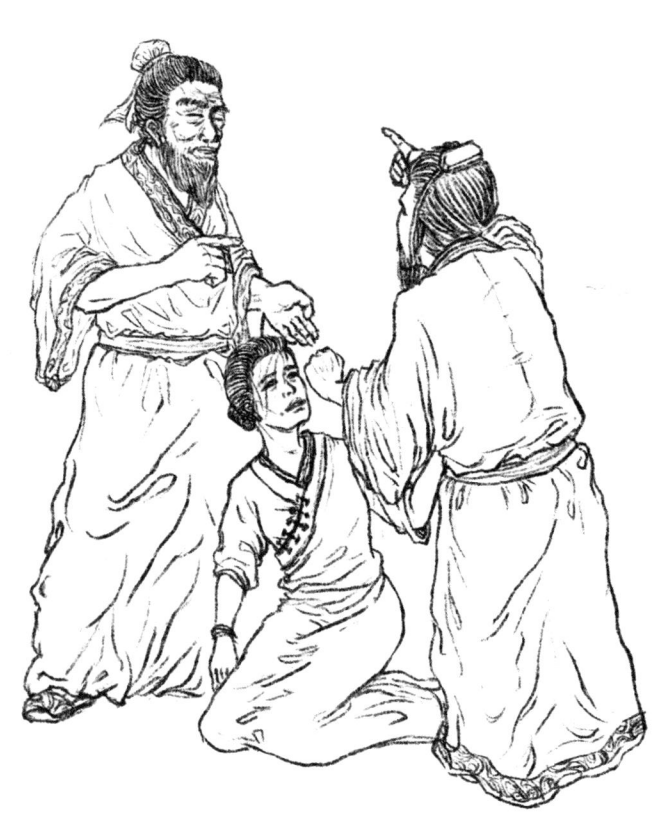

宋人认为,朱熹与唐仲友交恶,是两个秀才争闲气

者的心态，尤其弱者还是当地的"花魁"。时过境迁，老百姓才不会去探究事情的原委，只将其作为茶余饭后的谈资。

故事在口口相传中，增加了越来越多的细节，但距离历史的本来面目，似乎也越来越遥远。王国维说，"宋人小说，多不足信"，"《齐东野语》所纪朱唐公案，恐亦未可信也"。[6]

那么，朱唐案的真相究竟如何？在真实的历史中，朱熹、唐仲友、严蕊三人，又各自有着怎样一副面孔呢？

二

南宋淳熙八年（1181），浙东接连闹旱灾、洪灾，百姓颗粒无收，大饥荒随之而来。流民成群结队，外出乞食。在富饶的浙江，这是难以想象的灾祸。

朝廷须出面赈灾。右丞相王淮要挑选一个能人，挑起赈灾的大梁。他左思右想，把这个艰巨任务交给了朱熹。

在后世读书人心目中，朱熹是比肩孔子的圣人。他与程颢、程颐开创了程朱理学,其著作《四书章句集注》,是明清科举考试的必读教材。

而朱熹在世时,他的学说仅仅是宋代诸多学术流派中的一种,推崇的人很多,反对者也不少。更多时候,他只是一个忧国忧民,又不失理想主义的朝廷官员。

王淮推荐朱熹,基于3点考虑。其一,朱熹刚刚在江西南康军赈灾有功,共济灾民二十万,具有丰富的实战经验。其二,赈灾工作不好干,容易得罪人,但朱熹为人刚直,不怕得罪人。其三,像朱熹这样的理学家,在民间与知识界一呼百应,举荐他做官,也表现了朝廷任人唯贤的包容气度。

是年九月,五十一岁的朱熹"提举浙东常平茶盐公事"——简称"浙东提举",相当于分管民政的副省长,又有监察弹劾州县官员之权。

在朱熹看来,浙东的大饥荒,不光是天灾,也是人祸。老百姓谷物歉收的情况下,朝廷还要征收苛捐杂税。都把粮食上交了,百姓还吃什么呢?觐见孝宗皇帝时,朱熹说,拨粮拨款,救济灾民,是权宜之计;趁赈灾之际,减免税收,彻底改革赋税制度,扭转国富民穷的局面，才是根本。

淳熙九年（1182）正月，朱熹开始对浙东进行第一轮赈灾巡视，为期2个月，走了绍兴、婺州、衢州等地。果然，他发现有官吏侵吞公款、漏报饥民的情况。比如，绍兴指挥使密克勤大量侵吞拨给上虞、新昌、嵊县的赈济米；衢州知州李峄隐瞒灾情，说当地不缺粮，使得不少灾民饿死冻死，等等。

愤怒的朱老夫子接连上奏弹劾：请朝廷立刻罢免这些渎职的贪官污吏！言辞之激烈，让人觉得他那一大把白胡子要"炸毛"了。

然而，每一封送上去的折子，朝廷都没有回应。这是什么情况？朱熹等了好几个月，实在忍不住，就给王淮写了封信。这就是有名的《上宰相书》。

信中，朱熹抱怨道：来浙东这段时间，我夙兴夜寐，弹劾了这么多官员，没有一个得到处理。老夫很生气，早知道这样，就不接这活了。——当然，这是气话。

这封信也是石沉大海。

迟迟等不到回复的朱熹，开始了他第二轮赈灾巡视。这一次，他前往的是台州。

三

淳熙九年（1182）七月十六日，朱熹离开绍兴。在前往台州的路上，他遇到了两批流民。

这些流民都来自台州，扶老携幼，衣衫褴褛，举家逃难。

朱熹下马询问。流民们围了上来，七嘴八舌地诉苦，说台州干旱严重，但官府一直催缴税收，我们没了活路，才出来乞讨。

又有人说，台州知州唐仲友，作为父母官，催百姓交租税尤其急迫，还在当地做了许多"不公不法事件"[7]。

唐仲友，朱熹多少了解一点。他是婺州人，南宋侍御史唐尧封之子，少年得志，十五岁即中进士，又精通学术，与吕祖谦、陈亮同为"婺学"代表人物，称得上天下闻名的大学者。

同时，唐仲友兄弟唐仲温的妻子，是宰相王淮的妹妹。唐、王两家是姻亲关系，这也就意味着，唐仲友"朝中有人"，他背后的靠山，正是当朝宰相。

朱熹虽然耿直，甚至有点"轴"，可他不是傻瓜。

他当然知道，巡察过程中，如果得罪了唐仲友意味着什么。

一番抉择之下，朱熹仍决定，偏向虎山行，去好好会一会这位唐知州，查明真相。

过境天台县时，有人拦住了朱熹的车马，向他控诉官府催缴税款、骚扰饥民的行为。

天台县夏季纳税的总额是"绢一万二千余匹，钱三万六千余贯"，本来应该八月底完成，台州官府一定要老百姓六月底之前缴纳。

六月下旬，天台县已经缴纳"绢五千五百余匹，钱二万四千余贯"，而唐仲友以催缴迟缓为理由，抓走了天台知县赵公植，要求十天之内，各家各户补交齐全，才放还知县。

另外，唐仲友派遣张伯温等人，到宁海追缴去年的欠米余税，对百姓"百端骚扰"。当地群情激愤，大伙都想把官差抓起来揍一顿，张伯温闻风而逃。[8]

鉴于沿途的所见所闻，七月十九日、二十三日，朱熹连上两道奏折，弹劾唐仲友失职——既然有司已经下令减免百姓税收，台州反而提前催缴，置百姓于不顾，致使流民急剧增加。

也就是在七月二十三日这天,朱熹抵达台州,正式开始进驻调查。

在台州官衙,朱、唐二人终于相见。朱熹向唐仲友提出,交出台州的账簿,本"钦差"要查阅这两年的收支情况。但唐仲友支支吾吾,顾左右而言他,就是不肯交出来。

钦差大人来查账,知州理应配合。唐仲友这番表现,显得十分可疑。在亲眼见到灾后台州城内民生凋敝的景象后,朱熹内心愈发认为,这背后的水很深。

许多事情,就怕细究。一旦认真追究起来,真相就浮出水面。朱熹经过翔实调查,很快掌握了一些人证物证。

尽管唐仲友始终不交出账簿原件,但没过几天,监库官司理王之纯在州库中,找到了一本账簿的草稿簿。草稿簿中记载的收支金额并不完整,时间也不大连贯,可对照经手人——库银管理员叶志的口供,还是看出了端倪。

比如,唐仲友违规从公库里支钱28616贯682文,送给了别人，其中有1482贯263文是"送妻兄及与第二儿妇之父何知县、何教授、何宣教兄弟"。[9] 1贯钱，按照购买力折算，相当于现在的300元——也就是说，唐仲友至少从公库中贪污了850多万元。

再如，唐仲友命公使库刻《四子》（《荀子》《扬子法言》《文中子说》《韩子》）书籍，一共606套，其中375套去向不明。[10] 在古代，精美成套的书籍价值颇高。朱熹派人顺藤摸瓜，原来，这些书都被唐仲友派人运回老家，在私人书坊售卖，用公家的资源，为自己谋利。

其他还有诸多罪状，像违法收税、骚扰百姓、非法侵吞人户财产、搜集隐私敲诈富户、打击报复、逼死人命、培植爪牙、纵容亲属等。这些罪状，都有证人及口供，证人有监库官王之纯、造买使姚舜卿、道士李冲虚、铁匠作头林明、官伎王静等。

在调查过程中，一个关键证人也忽地跳将出来。

七月二十六日晚，月黑风高夜，唐仲友府邸后墙，翻出来一个人影。那人影走到亭子边时，被台州通判赵善俊和士兵当场捉拿。[11]

经审问，此人名叫蒋辉，明州人士，是个发配台州服役的人犯。蒋辉有一手雕刻的好功夫，五年前，他伙同他人制造假钞，到临安府去花，被人识破。造假钞，放在任何时代都是重罪。由于他造的金额不高，且不是主犯，得以保住性命，只发配到台州做酒务。

既是人犯，怎么会跑到知州家里，还从后墙翻出来？

蒋辉交代，他到台州监牢后没多久，就被当地官员"慧眼识英才"。连印假钞的铜版都能刻，那干脆出来刻书吧。于是找人顶替了他酿酒的杂役，让他专职刻书。

淳熙七年（1180）底，唐仲友到台州任知州，也发现眼皮底下，居然有蒋辉这等"人才"，便将他安排到自家的后堂，提供起居衣食，有一个叫金婆婆的专门给他送饭。

唐仲友当然没安什么好心，他窝藏人犯，竟是想让他制造假钞。唐仲友对蒋辉说："你若不依我说，便送你入狱囚杀。"唐仲友侄子三六宣教也说："你若与仲友做造会子留心，仲友任满带你归婺州，照顾你不难。"[12]

如此威逼利诱，蒋辉只好乖乖就范。他雕刻了模板，淳熙八年（1181）十二月至九年（1182）六月，印了2600多贯假会子。七月，听说提举大人要来巡视，风声紧，就不再印了。直到七月二十六日，金婆婆来报信，说："你且急出去，提举封了诸库，恐搜见你。"蒋辉急忙用梯子翻出后墙，被人逮个正着。[13]

听了蒋辉的描述，朱熹愤懑之余，甚至有些"细思极恐"——还有什么是唐仲友干不出来的？

七月二十七日深夜，朱熹怎么也睡不着，提笔撰写了弹劾唐仲友的第三道奏折，恳请皇帝罢免唐仲友，再对其依法处置。

然而，这封奏折呈上去，跟前几道弹劾状一样，依然没有任何回响。

去年十一月，在临安皇宫延和殿，朱熹与宋孝宗对谈。孝宗答应，凡朱熹的要求，必定快速回应，并采取措施。

皇帝看到我写的信了吗？朱熹内心很迷惘。

四

得不到回应的日子里，朱熹没有闲着，继续盘查、审问。

一个女人走到了案情的最前面。这个女人不简单，她叫严蕊，台州官伎的行首（头牌）。

严蕊是艺名，她本姓周，台州黄岩人，长得花容月貌自不必讲，据说还填得一手好词。

唐仲友一到台州，就对严蕊青睐有加，每当公筵、家筵，都要叫上这位美人助兴。两人在公众面前出入无间，表现得异常亲密。

为了取悦美人，唐仲友用公款给严蕊"刷礼物"。据账簿草稿本记录，并库银管理员叶志口供，唐仲友在公库取了699贯52文，买高档的暗花罗织物，给严蕊做衣裳。[14]

酒宴过后，严蕊便留宿唐宅，二人"逾滥"，即发生关系。

这件事情的吊诡之处在于，后世流传的故事中，严蕊宁可遭受酷刑，也不愿连累唐仲友，"循分供唱，吟诗侑酒是有的，曾无一毫他事"。[15]

但在八月八日，弹劾唐仲友的第四状中，朱熹清楚地写道，通判在黄岩郑藇家里找到了严蕊。面对审讯，严蕊并没有像小说家所言的那样强硬，而是很快招供了。

据严蕊供述，今年（淳熙九年）的二月二十六日、五月十七日，她就与唐仲友"逾滥"。按照大宋律法，官员与官伎有不正当关系，治"赃私罪"，仕途基本无望。[16]

为了独占严蕊，唐仲友决定帮她脱籍，还她自由身。这对堂堂知州大人来说，并非难事。可办理脱籍手续时，不知是唐仲友太大意，还是留了一手，他并未将此事知会妓乐司。因而，手续未走完。

这严蕊也不是什么省油的灯。等待脱籍期间，她借着唐仲友这层关系，帮人办事，收好处费。比方说，临海县有个叫徐新的人，在台州城内做卖酒的行当。饥荒年，酒不好卖，他想脱手这桩亏本生意，就前后花了42贯240文打点严蕊。严蕊便求唐仲友免去徐新卖酒的差事。再比如，一个叫杨准的官员，私藏官伎张百二，怕东窗事发，送了严蕊100贯，严蕊也帮其摆平了。[17]

五月十六日，在庆祝严蕊获得自由身的宴会上，唐仲友表弟高宣教填了著名的《卜算子》："去又如何去，住又如何住。但得山花插满头，休问奴归处。"[18] 表现了严蕊既得自由，又不知何去何从的矛盾心理。言下之意，还是要靠唐知州来安排归处。

上梁不正下梁歪。唐仲友与严蕊"逾滥"，他的三个儿子，唐士俊、唐士特、唐士济也多出入官妓之家。在台州官民布置水陆道场求雨之际，唐士俊醉酒回家，携带数个官妓，一路嬉笑唱歌。百姓哗然，议论纷纷："太守如此，儿子又如此，如何会有雨泽感应？"[19] 事实上，朱熹弹劾唐仲友的诸多罪状中，"逾滥"可以说是最轻的一条。造假钞、贪污库银才是重罪。

五

这边朱熹接连上弹劾状，誓要将唐知州拉下马。那边的唐仲友当然不可能坐以待毙，他要适时出招反击。

得知严蕊被捕后，唐仲友怒火中烧，竟纠集一批吏卒，强行闯入司理院，拖拽捶打推司官。[20] 不知道是想把严蕊抢出来，还是意图威胁办案官员，给朱熹一个下马威。

针对朱熹的弹劾状，唐仲友亦往朝廷写了一份自辩状。说朱熹"搜捉轿担"的行为，吓到了他兄弟的媳妇王氏，即当朝宰相王淮的妹妹，导致她心脏病发作，病情危险。还说，朱熹久留台州，没有做好浙东各地的赈灾工作。

对此，朱熹在八月十日第五封弹劾状中一一驳斥。王氏从未"呼医问药"，所谓"惊怖致病"的说法，完全是一派胡言。之所以留守台州，就是为了"死磕"唐仲友，防止他逞凶反扑，等到新知州史弥正到任，交接了公务，唐仲友再也无权作恶，自己就立即动身去别地赈灾。[21]

朱熹深知，自己对唐仲友的屡屡举报，已触碰到一张官官相护的大网。他不在乎了，只希望朝廷能早日罢免唐仲友，绳之以法，"以谢台州之民"；再治他朱熹冒犯权贵、办事不力之罪，"以谢仲友之党"。[22]

朱、唐二人的交相争辩，不光在台州闹得满城风雨，朝堂之上的士大夫们也议论纷纷。此事终于被宋孝宗知道了，就找王淮询问。王淮是唐仲友的姻亲，自是包庇他，只将朱熹的第一封弹劾状和唐仲友的自辩状，呈给宋孝宗，其余的弹劾状都扣下了。

孝宗问："此事你怎么看？"王淮回答："朱，程学；唐，苏学。"意思是，朱熹继承程颢、程颐之学，唐仲友则主张苏轼的学问——言下之意，朱熹与唐仲友之争是读书人的门户之争而已。孝宗笑笑，缓下唐仲友之罪。[23]

宋孝宗偏爱苏轼，曾追谥其"文忠"，听说唐仲友也爱苏学，自然对他多一分好感。至于朱熹这样的道学家，成天教人"存天理，灭人欲"，严肃且咄咄逼人，真无趣。

其实，唐仲友虽有学问，但与"苏学"风马牛不相及。王淮此举，迎合上意，巧妙地将朱、唐二人的贪污与反贪污之争，转化为学术之争。

皇帝不再追究了，但朝堂上的议论要平息。原本唐仲友即将升迁江西提刑，王淮免去了他这一职务，改将江西提刑一职转授朱熹。

这番操作实在高明，一方面，彻底斩断了朱熹与台州贪腐案的关系；另一方面，也给不明真相的人一种假象，朱熹弹劾的行为，好像是为了取唐仲友而代之。

朱熹一眼识破了其中的诡局。九月四日，身在处州巡视灾情的他，先写了一道辞职状，拒不任职；再上一道弹劾唐仲友的第六状，重申唐仲友中饱私囊、造假钞的罪状，细节更生动，证据更确凿。

朱熹的请辞，让王淮觉得很没面子。如果答应朱熹的请求，不就是对自己"啪啪打脸"吗？因而再三挽留，不断敦促他上任。但朱熹是铁了心不干，九月十二日，他离开浙东，挂冠南归，回福建老家奉祠——做个只领官俸而无职事的祠禄官。途中，他给陆游写了封信，说从此闭门读书，其他事都付之一笑。[24]

唐仲友的结局如何呢？自被罢免江西提刑后，他虽免于追究，却从此断了政治前途，回到婺州写作、讲学。6年后，也就是淳熙十五年（1188）过世，终年五十二岁。他一生著作等身，著有《六经解》《诸史精义》《帝王经世图谱》等800余卷，胜过东莱先生吕祖谦。然而，他身后默默无闻，"《宋史》不载其名，书籍亦几绝迹"[25]。

以世俗眼光看，朱唐之辩，二人都是输家。

六

朱唐案到此结束了吗?并没有。

上文说到,王淮先前推荐朱熹为浙东提举,有拉拢的意味。宋孝宗一朝,士大夫大致分为两派。一派是以虞允文、赵雄、王淮为代表的事功派,主张趋事赴功,他们是朝中的当权派。另一派是以吕祖谦、张栻、朱熹为代表的"道学派",讲究正心诚意、崇道德,属于"在野派"。

事功与道学,孰是孰非,本无定论。后者不在其位,往往以清议的方式,对前者提出尖锐批评;前者则以手中的权力来打压后者。道学家说事功派为利奔走,以权谋把持天下。事功派称讲道学的整日空谈性理、无实际用处。两派吵得不可开交。

随着张栻、吕祖谦的先后去世,朱熹俨然成为闽中、湖湘、浙东道学的共同领袖,也变成朝中反道学势力的箭垛。

而朱熹弹劾唐仲友事件,可看作是两股势力彻底分野的导火索。王淮集团眼见拉拢朱熹不成,还捅出个大娄子,便对道学派采取猛烈攻讦。

吏部尚书郑丙"迎合宰相意",攻击朱熹"欺世盗名,不宜信用"。监察御史陈贾也跟着上奏:"道学之徒,假名以济其伪,乞摈斥勿用。"[26]远在福建的朱熹,遭受着一轮又一轮的羞辱。

这还不算完。朱唐案过去14年后,庆元二年(1196),外戚出身的权相韩侂胄联合京镗、何澹、胡纮为代表的反道学势力,发动了"庆元党禁",将道学污名化为"伪学",称道学一派为"逆党",对其进行残酷清算。作为道学领袖,朱熹遭落职罢祠。甚至有人上书,欲斩之而后快,所幸未得逞。[27]

也就是在这一时期,洪迈以小说家的笔调,将朱唐案"故事新编"——身为朝廷命官的朱熹,居然严刑拷打弱女子严蕊。一个是道学家,一个是歌伎,两者身份、地位强弱悬殊,自然为人所津津乐道,广为流传。那首高宣教所作的《卜算子》,亦被附会到严蕊头上。

庆元六年(1200)三月,朱熹在满朝诋毁声中,于家中病逝,在他身边的,惟叶贺孙、蔡沈等九位学生。

直至宋理宗朝,道学成为官方主流思想,此时距离朱熹去世,已过了三四十年。

而流言始终存在。元明以降，程朱理学被奉为金科玉律，朱熹也位列神坛。与任何学术思想一样，在野时生机勃勃，一旦尊为官学，就逐渐僵化成教条。

凌濛初一生科场失意，是体制外的边缘文人，难免对官方儒学、假道学产生厌恶之情。在《二刻拍案惊奇》里，与其说他解构朱熹，不妨说他是在恶搞那些满口仁义道德、满腹坏心肠的假道学。

想自由的人得不到自由，哲学家成为自己哲学的受害者，这可能是历史的常态。还是成为小说家吧，想怎么写就怎么写。凌濛初就给严蕊安排了一个好归宿，她脱籍成功，终获自由。真实历史中，她的结局如何，我们不得而知，希望她拥有一个好的余生。

《嘉定赤城志》中的宋朝趣事

史书写作采撷奇闻轶事,是中国古代史学的一个叙事特征。为了满足读者的"好奇"心,抑或增加文字的可读性,修史者不免加入些志怪、传奇的故事。最典型的就是《左传》,清人冯镇峦说:"千古文字之妙,无过《左传》,最喜叙怪异事,予尝以之作小说看。"[1]

作为南宋时期一部台州总志,陈耆卿在编纂《嘉定赤城志》时,也在第三十九卷《纪遗门》中,记录了一些"遗事"。他在该门类的序言中说:"宇宙之事无穷,简策之文有既,自古传记,岂能物物而竟也哉?不可竟而欲竟之,故有纪遗焉。"言下之意,这个世界上的奇闻轶事大多无法探究,所以单独设一门类,以区别于正史。

从陈耆卿的眼光来看,这些材料就未必都是虚构不可信的，反而能够提供一种不同于正史视角的叙事，补充人们对于地方历史的理解。存而不废，是一种妥当的态度，这样才能留待后人去进一步考究。

让我们一起来看看，《嘉定赤城志》的《纪遗门》中，那些有趣的"遗事"。[2]

北宋淳化年间（990—994），宁海县南25里，一个叫九顷民的地方，在一户应氏人家的田里，发现了稻生双穗。在古代，一般情况下，一株禾苗最终成熟，只能产出一穗。但偶尔也会发现有禾苗一株两穗。因此，双穗禾被视为天降祉福、政通人和的吉祥之兆。2009年，在江西省抚州市东乡县（今东乡区）虎圩乡陈桥村，农技员就发现了两株一秆双穗禾，据专家说，可能是基因突变导致的。

北宋天圣元年（1023），台州一位渔人在海上捕捞到一只"神虾"。身长三尺多，一双大钳两寸长，头上的红须长一尺多，有双目、十二足，身上有虎豹一样的花纹，五彩斑斓，长得尤其魁梧。中使吴仲华专门给"神虾"绘了一幅画。一代词宗晏殊还写了文章记录此事。这只所谓的"神虾"，很像中华锦绣龙虾。2014

年底，温岭渔民捕到一只体长 1 米的中华锦绣龙虾，卖了高价。有熟悉史志的人说，这不就是宋代的"神虾"吗？

南宋绍兴三十二年（1162），天台县的菜园里生出了灵芝，一芝有二本。当时，临海出现了并蒂莲花，即一茎产生两花。如此祥瑞之事，让时任台州知州张守昌赋诗曰："煌煌朱草连年秀，的的丹蕖并蒂香。"绍熙五年（1194），临海县监狱的柱子间，也生了一朵灵芝，七叶三层，侨寓台州的长安学者李龟朋将这件事记录下来。

类似神奇的事还有南宋乾道四年（1168），台州城东北天庆观圣祖殿前的古松上，渗出了甘露，形状如垂旒（古代帝王贵族冠冕前后的装饰，以丝绳系玉串而成），道士们采食一番，味道香甜。

南宋淳熙五年（1178）八月，一头巨大的海生物出现在宁海县铁场港，只见它乘潮水而上，身体长 10 余丈，表皮黑如牛皮，在海中飞扬跋扈。它将水喷到半空中，成了烟雾。人们都以为这是龙来了。等潮退了，这一海中巨物搁浅在了滩涂上，动弹不得，但眼睛还是眨巴眨巴地看人。有见多识广的人说，这叫海鳅。过了两天，海鳅死了，人们将它的肉切了下来，煎成油，把它的脊骨当作舂米用的臼。

这是个典型的巨型鲸豚搁浅海滩事件，自古有之，全球有之。在古代，大鱼搁浅后往往没有好下场，被人分而食之。今天，人们有了更多海洋珍稀生物保护意识。2021年7月，12头瓜头鲸集体搁浅于临海市头门港海域北洋坝滩涂上，经过救援，其中6头被放归大海。

如此看来，宋代的那些奇闻轶事，在今人眼中并不稀奇了。

《夷坚志》里的台州故事

在中国历史上,恐怕很难找出一部文言小说集,能比《夷坚志》篇幅更加宏大。这部由南宋文学家洪迈创作的志怪集,原有420卷之多,至今尚存206卷,每卷十几个故事。

洪迈是饶州鄱阳(今江西鄱阳)人,生于北宋宣和五年(1123)。他与父亲洪皓,兄长洪适、洪遵,都是名闻天下的才子,有"父子相承,四上鑾坡(翰林院)之直;弟兄在望,三陪凤阁(中书省)之游"的美誉。

南宋流行幻诞之说,尤其读书人聚在一起,好谈鬼神异事。洪迈极其聪颖,有过目不忘的本领,是个天生的故事收集家。他听到好故事,就记在本子上,一条条笔记,集腋成裘,就成了《夷坚志》。[1]

夷坚,是一位上古时期的记录者。《列子·汤问》

记载，世间有鲲鹏这样的生物，"大禹行而见之，伯益知而名之，夷坚闻而志之"。洪迈以"夷坚"命名自己的小说集，寓意记录社会上怪异的事情。

《夷坚志》的创作周期很长，洪迈从绍兴十三年（1143）开始写作，到嘉泰二年（1202）去世才停笔，中间跨度近60年。第一本《甲志》，足足写了18年，兴许本就是游戏之作，写写停停。待杀青后，结集出版，谁知市场反响热烈，"《夷坚》初志成，士大夫或传之，今镂板于闽，于蜀，于婺，于临安"[2]，成为畅销书。作者这才兴起，续写了乙志、丙志、丁志到癸志，又有支志、二志、三志。从弱冠青年，写到了耄耋老者。

说起来，《夷坚志》中，与台州相关的故事有57则。盖因洪皓曾任台州宁海主簿，洪适担任过台州通判，从父兄那里，洪迈听到了许多台州的奇闻轶事。抑或有许多台州人为洪迈提供了写作素材。内容包括因果报应、神仙鬼怪、科举功名、市井人情，虽难辨真假，亦可以从中窥见宋人的社会风尚习俗。现采撷一些有意思的故事，以飨诸君：

杜甫有一首《义鹘行》，说的是一条白蛇趁雄鹰不在，爬进巢穴，吃掉了雏鹰。雄鹰回来，见孩子被食，却敌不过白蛇，悲愤欲绝。健鹘得知，从九天展翅回旋而下，以利爪撕裂蛇首，将白蛇折尾穿肠。杜甫称其为义鹘。

台州也有义鹳现身。黄岩县定光观大殿前有一座塔，鹳鸟在上面筑巢。一条身体很短的大蛇吃了小鹳。母鹳辛酸凄厉地叫着，旋即飞向大海。过了一会儿，它带着两只鹘飞来。二鹘径直飞到塔上，把蛇衔走了。（《义鹘》）[3]

陈公辅，字国佐，台州人。他的父亲陈正，曾任州官，退休后住在城中的慧日巷。当时，陈公辅正在京城太学读书。有个僧人拜访陈正，指着对门的普济院说："等到这座寺院成为池塘，贵公子一定会上舍及第。"陈正说："这座寺庙壮丽如此，即使不幸被大火烧毁还可能，有什么理由变为池塘？您知道我儿子不会考中，拿这个跟我开玩笑罢了。"僧人说："不出一年，我的话会应验。"

普济寺所在地很低洼，每到梅雨季节，积水流不出去，寺中僧人为此很伤脑筋，一次偶然的机会，寺院在州仓库后面得到一片空地,就把寺院迁了过去,原来的地方最终成了池塘——果然和僧人说的话相符。政和三年(1113),陈公辅以上舍第一释褐,后官至礼部侍郎。(《陈国佐》)[4]

台州资圣寺有个叫觉升的僧人,在巾山上筑了一座小庵。一日早晨出门,他见到一条大蟒横在道上,就命人将它抬去。这天,他在松林中散步,见到几朵蘑菇鲜亮可爱,就摘回来烹饪,还未煮熟就吃。忽然,觉升见到有几百条蛇盘踞在锅台上,密密麻麻,甚为恐怖。他害怕极了,急忙跑进房中,正想躺下,看到满床都是蛇,避无可避。而同屋的僧人都没发觉任何异样,觉升就这样死了。(《巾山菌》)[5]

话说台州宁海县的东边,有一座海岛,叫三山镇。岛上驻守着上百个巡检兵,只有春、秋季涨潮时,才能乘船到达那里。洪皓做宁海主簿时,曾因办公事去过。洪皓和巡检一起登上山顶观望,只见四周一片汪洋,山背面的水流更加湍急。从山上俯瞰大海,只见汩汩急流汇成了数十个旋涡。时人猜测那里可能是尾闾,即《庄子》提到的海水最终的归属。(《三山尾闾》)[6]

淳熙初年，台州城发大水，水位几乎没过城门，死于洪流者不可胜计。有一个读书人，住在城里，田在黄岩。在水还未涨起来前，他驾小舟去黄岩田地里取稻谷。回来时，载着40箩筐的谷子。

他刚出溪口，只见前方洪水如山一般涌来，水中卷裹的人乍浮乍沉，竟一眼望不到头。读书人将船系在地势高的岸边，每漂过来一人，他都要搭救。但船的运力有限，于是每救一人，他将船上的箩筐丢一个。顷刻间，救了50人，船上的稻谷也被丢光了。最终，他带着幸存者回城。时任台州知州尤袤得知此事，赞赏这位读书人的仁德，为之上表朝廷，赐其登仕郎的头衔。

这场水灾中，另有一事可表。有一个本地富家女，家被大水淹没，她独坐浴桶中漂流，奄奄一息。恰好有一艘渔船从身旁经过，她呼救道："我是某坊某家女，你要是救我，我就把手臂上的两副缠臂金送你作为感谢！"

渔民救了女孩，将她带回家。然而，家早已被冲毁，家人也不知所终。女孩失声痛哭，可还是将手臂上的缠臂金解下，送给渔民。渔民推辞道："你无家可归，留着此物自保，我不忍心要。"说罢，渔民走了。

　　幸亏女孩遇到的渔民，是位贤良之人，万一遇上坏人，抢了金器不说，还会把她丢到江中，哪里还有活的道理？知州尤袤说，他很遗憾不知渔人的姓名。（《天台士子》）[7]

淳熙初年，台州城发大水，善良的渔民救了一位富家女

读人记

宋代台州,名士辈出。他们当中,有人治国理政,施展抱负,有人继承绝学、赓续文脉,也有人留下了诗文与著作。那些家国情怀、文教思想、美学艺术,直到今天,依然回响。

知州

台州的行政一把手，在各个历史时期叫法不一。六朝时期，临海郡的最高行政长官称"太守"。唐代设置台州，长官称"刺史"。到了宋代，改称"知州"。

知州是简称，全称是"知台州军州事"，但人们在习惯上又称郡守、太守等。比方说，《嘉定赤城志》里写到李守兼、齐守硕等，就是李兼知州、齐硕知州的意思。

宋代知州，官阶一般为五品。其职权广泛，不仅统领一州军、民之政，负责辖区的治安防务、风俗治理及赈济救灾，还兼领一州财赋、司法事务，负责州内"理财赋""雪冤狱"等政务，是真正的地方掌权者。

自钱弘俶纳土归宋，至蒙元破临安，一共298年，其间台州有241位知州，平均每1.2年就要换一任。

从籍贯来看,浙江占比最多,有79人,其中台州籍2人。其他省份的有,福建25人,江苏23人,江西20人,河南9人,山东8人,安徽5人,四川3人,河北和山西各2人,湖北、广东、陕西各1人,其余概不可考。[1]

绝大部分的知州,都是外地人来当。宋代的官话没有像今天的普通话那样普及,即便是浙江人,区域不同,方言也千差万别。知州到任,听不懂台州话,无法开展工作,只能雇用当地的"师爷",一来熟悉风土人情,二来可以当翻译。

台州知州中,有的出身显赫,如赵令誏、赵伯圭是皇室成员;有的是一甲进士及第,如曾会是端拱二年(989)的榜眼,王昂是政和八年(1118)的状元;有的是将门之后,如宗泽之子宗颖、韩世忠之子韩彦直、岳飞之孙岳甫等;有的日后飞黄腾达,像毕士安、章得象、赵汝愚、李宗勉等都成了宰相。还有父子知州——毕士安、毕世长父子,兄弟知州——叶篯、叶籈、叶筹三兄弟。

有37位知州在《宋史》有人物小传,他们在任职台州期间，即展现出治理一方的才能，为百姓做了许多好事，试举几例：

毕士安是宋代台州第一位知州。太平兴国三年（978），他一到任，就深感当地赋税繁重。此前台州属吴越国，史载"常重敛其民，以事奢僭，下至鸡鱼卵鷇，必家至而日取"[2]，老百姓不堪重负。毕士安就向朝廷请求，希望以唐代的旧制来缴税，宋太宗同意了。百姓感念其恩德，南宋淳熙年间（1174—1189），还在州学为他立祠。[3]

庆历五年（1045），一场大水淹没了台州城，死者数千。次年，三十五岁的元绛知台州，他取出州库的资金，盖了数千间屋子，让流民居有其所；又全力修筑城墙，设闸凿渠，来提升城市防洪能力。在他的主持下，原本满目疮痍的台州城得到了复苏。[4]

绍兴二十六年（1156），曾几任台州知州，这年他七十一岁，已是位白发苍苍的老者。曾老知州见过大风浪，主政期间，一切简静，不折腾，百姓倒也安居乐业。不过，你别以为老知州好糊弄。当时，黄岩知县丁绰因为受贿，被两名县吏告发。丁绰将二吏投入监狱，夜间，两人暴死狱中。曾几旋即对此事展开调查，有人告知，这丁县令原是宰相门客，背景很深。曾几非但不怕，反而予以严惩。[5]

宋代时，国家建立起了相对完备的福利体系，政府有责任对贫民提供福利救济。嘉定三年（1210），黄𪷬出知台州，他重建了养济院、漏泽园，前者是福利育幼养老院，后者是福利墓地；新建了安济坊，就是福利医院，专给穷人治病。

有好几任知州重视教育。宝元二年（1039），李防建立州学，属于全国范围内较早办起的官学。因为全国各州县兴立官学，是在庆历四年（1044），史称"庆历兴学"。往后，吕士宗、黄章、尤袤、李宗质等知州或重修、扩建州学，或为学校增置田产。景定三年（1262），知州王华甫在东湖建了上蔡书院，这是台州历史上第一所官办书院。一时间，学术交流蔚然成风。

开禧三年（1207）上任的知州李兼最为苦口婆心。宋代时，江浙一带有许多摩尼教信徒，台州也不例外。宣和三年（1121），台州还发生过摩尼教领袖吕师囊起义事件。李兼为了劝诫百姓，勿信摩尼教，与人为善，特地写了口语诗《戒事魔十诗》。其中有一首这样写："仙居旧有祖师堂,坐落当初白塔乡。眼见菜头头落地,今人讳说吕师囊。"[6]

李兼在台州任职一年半时间,深受百姓爱戴。嘉定元年(1208),他调任宗正丞,还未赴任,就突然去世。台州官民为之痛哭,市集也罢市以示哀悼。

知州这一官衔,不大不小——对朝廷而言,属于地方官员;但对一州百姓而言,就是天大的父母官。干得好,被人铭记,史书上连篇累牍地赞颂;干得不好,在世被人唾骂,地方志也讳莫如深。

谁不想被历史夸一声好呢?有时候觉得,中国文化中,总有给人希望的一面,所谓"念念不忘,必有回响"大概就是这个意思。

侨寓名贤

南宋定都临安，台州落得个"辅郡"的头衔。

辅郡，意思是国都附近的州、郡。台州地处浙东边陲，自古远离政治中心，唯独在南宋，与临安相隔不过数百里。受到都城的辐照，台州在政治、经济、文化等方面空前发展，达到了传统社会的巅峰。无怪乎陈耆卿在《嘉定赤城志》开篇序言中自豪地说："台为名邦，且称辅郡。"

所谓名邦，有名山与名士的加持。名山，有天台山与韦羌山，前者是唐代诗人游浙东的目的地、佛教天台宗的祖山；后者据说是李白《梦游天姥吟留别》中天姥山的原型地。名士，有紫阳真人张伯端与济公和尚，他们都是土生土长的台州人。

而更多的名士，是侨寓的"中原衣冠"。南宋初年，一批士大夫移居台州、终老台州,并留下了诸多动人的诗篇。

建炎四年(1130)四月,一代名相吕颐浩被罢去宰相职务,寓居临海。4个月前的正月初二,吕颐浩曾随宋高宗乘船进入台州湾,在椒江边的金鳌山短暂驻跸。兴许在那时候,他便觉得这是个可以安身的好地方。

绍兴三年(1133),吕颐浩二度罢相,回到台州,在州城东郊筑起退老堂,作为退休后的居所。"退老",取杜甫"穷老真无事,江山已定居"之意。吕颐浩对此很满意,还赋诗云:"丹丘无限好山川,叠翠峰峦插暝烟。郊外幽居三岁换,天边明月几回圆。野堂半隐慵欹枕,健笔题诗思涌泉。小圃剩开桃李径,飞觞同醉待来年。"一副既来之,则安之的心态。

绍兴九年(1139),吕颐浩过世,终年六十八岁,葬于临海县西北30里褒忠显绩院左(今临海市永丰镇白毛村景福寺西侧)。[1]

吕颐浩去世这年,翰林学士綦崇礼向皇帝提交辞呈,也来到台州定居。吕、綦二人是山东老乡,吕是齐州(治所在今山东济南)人,綦是潍州北海县(今属山东潍坊）人。綦崇礼虽是文官，却是个磊落豪迈的汉子。他通晓音律，常常慷慨长歌一曲，为官也清正，因此为奸相秦桧所不容。

退居台州后，綦崇礼将一生写就的诗文、奏章，编著成《北海集》。令人惋惜的是，该文集早已失传，后人所见到的他的诗，是明代编《永乐大典》时保留下来的。其中一首《题天台山石桥庵院》，可见其文采："林麓阴森径屈盘，渐惊危步入重峦。地分宝刹临空翠，天设飞梁跨激湍。雾暗云蒸山气肃，雪翻雷辊水声寒。我来不作多求想，试出神光变现看。"

绍兴十二年（1142），綦崇礼卒于临海，葬在县南20里的东山。[2]州城内有一条綦内翰巷，因其故居而得名。

同时期侨寓台州的高官，还有陈与义、范宗尹、谢克家、贺允中、钱端礼等。

陈与义，河南洛阳人，官至参知政事，是南宋初年的杰出诗人，建炎年间（1127—1130）来到台州。有一首《自黄岩县舟行入台州》："宴坐峰前冲雨急，黄岩县里借舟迟。百年痴黠不相补，万事悲欢岂可期。莽莽沧波兼宿雾，纷纷白鹭落山陂。只应江海凄凉地，欠我临风一赋诗。"

范宗尹，湖北襄阳人，中国历史上年轻宰相之一，三十岁即代吕颐浩为相。《宋史》称，"近世宰相年少，未有如宗尹者"。绍兴六年（1136），他退居临海，当年就去世了，年仅三十六岁，葬在县东45里的报恩衍庆院侧（今临海市东塍镇）。[3] 他曾游临海龙华寺，赋诗一首："晓出城东路，寻僧聊避喧。宿云开岭岫，晚稻没川原。村暗桑枝合，林红柿子繁。日斜僮仆困，共喜到山门。"

谢克家，河南上蔡人，建炎二年（1128）任台州知州，次年被召回朝廷，后官至参知政事，家眷则寓居台州。绍兴四年（1134），谢克家卒于衢州，子孙将他葬在黄岩县西50里灵石山。[4] 他的儿子谢伋，官至太常少卿，退休后，也隐居在黄岩灵石，还开辟药园，自号"药寮居士"，一边种植药材，一边做学问。绍兴二十一年（1151），二十一岁的朱熹到灵石山拜访谢伋，写下《题谢少卿药园》二首，第一首写道："谢公种药地，窈窕青山阿。青山固不群，花药亦婆娑。一掇召冲气,三掇散沉疴。先生澹无事,端居味天和。老木百年姿,对立方嵯峨。持此供日夕,不乐复如何。"

贺允中,蔡州汝阳(今河南汝南)人,官至枢密使兼参知政事,为官清介刚直。退休后,他先隐居天台山万年寺旁,后到州城临海。在《喜容赞》中,他写道:"巾山之阳,佛宫与邻。有老人焉,鸥不乱群。"过世后,葬于天台县东45里的资福院。[5]

钱端礼,吴越王钱弘俶六世孙,宋仁宗第十女秦鲁国大长公主之孙,真正的皇亲国戚。"靖康之变"后,他随祖母、父亲钱忱一起到台州,钱氏一族自此在台州开枝散叶。南渡时,钱氏带来了一些宝物,像钱王铁券,今藏于中国国家博物馆;钱氏"东涧"铭龙首衔环铜瓶,当年是公主的陪嫁物,现藏于临海市博物馆。钱端礼官至参知政事兼权知枢密院事,他的孙子钱象祖,嘉定元年(1208)为左丞相。钱氏在天台山护国寺有家族墓地,从公主驸马钱景臻、荣国公钱忱、钱端礼、郑国公钱笪到钱象祖,凡五代人聚葬于此。

这些"宰辅",为何青睐台州?

从地理上看,台州是"一郡连山,围在海外"的

钱氏大铜瓶,为秦鲁国大长公主陪嫁物,现藏于临海市博物馆

"另一乾坤"[6],相比于杭嘉湖平原,更有一种天然的"安全感"。在宋金对峙的南宋早期,这种安全感显得尤为重要。

从交通上看,台州距离国都不远,无论走陆路还是走水路,几日便抵达。官员退休后,大隐隐于市,不干涉朝政,又可以让皇帝偶尔想起。这对深谙官场之道的宰辅们而言,是种若即若离、可进可退的"政治智慧"。

从人文上看，台州为佛宗道源，山海雄奇，对于笃信佛教或道教的士大夫们而言，不啻为一个精神的归宿地。南宋以来，台州"风雅日奏，薰郁涵浸，遂为文物之邦"。[7]

民国《台州府志》列入《寓贤》的有167人，而南宋时期的就有63人，占到1/3以上，可见当时侨寓人物之盛，也间接表明，宋代的台州十分开放、包容。

状元郎

宋代，台州出了四个状元：两个文状元，两个武状元。

第一个文状元陈公辅，临海人，于北宋政和三年（1113），取得上舍考试第一。

宋代常规的科举考试，分州试、省试、殿试三级。殿试考取第一甲第一名者，即为状元。

王安石变法时，创立"三舍法"，对科举制度进行改革。所谓"三舍法"，就是把学校分为外舍、内舍、上舍，类似于今天的本科、硕士、博士。

天下读书人，可以通过考试，录取成为外舍生。外舍生再通过一年一度的公试，升补为内舍生。但内舍生如果三次月考（私试）不通过，要降为外舍生。

内舍生有两年一次的舍试，合格者升为上舍生。上舍考试，优等者释褐（脱去平民衣服，喻始任官职），相当于进士及第，分数最高的人为状元。经学校的层层选拔，上舍考试出来的状元，其名望还要高于科举状元。

陈公辅考上状元，老家为之振奋。台州城东，其故居旁，有状元坊、状元桥、状元池等，都是因此而得名。

陈公辅生平嫉恶如仇。中状元后，他调任平江府（今江苏苏州）教授，给府学生们上课。当时，苏州权势最大的人叫朱勔，专门上贡奇花异石，受宋徽宗宠幸，在当地巧取豪夺。其他官员对朱勔俯首帖耳，恨不得给他当奴隶。陈公辅却坚决不与之交往。

有一回，朱勔的哥哥过世，官绅们纷纷前去吊唁。有平江府学生也想去，陈公辅一概不准，为此，他受到朱勔打击报复，被调往越州。

顺便说一嘴，朱勔为徽宗运送奇石的"花石纲"，流毒东南20余年，江南百姓苦不堪言。这直接导致了宣和二年（1120）的"方腊起义"。6年后，朱勔死于流放中。

陈公辅的仕途并不顺利。宋钦宗时，他任右司谏，与抗金名臣李纲交好，因此被朝中的主和派视为眼中钉。很快，他被斥遣到台州当税监。

靖康年间（1126—1127），金兵大举南下，臭名昭著的"浪子宰相"李邦彦提议割地求和，被免去官职。谁知才过了10日，李邦彦又授为太宰，一时"人情震骇"。[1]陈公辅得知后，连番上奏弹劾，最终将李邦彦及其党羽赶出京城。

北宋灭亡后，宋高宗在杭州建立南宋政权，李纲主政，召陈公辅来做尚书左司员外郎。陈公辅在赶去上任的路上，李纲就被罢免了，于是，他改到南剑州（今福建南平）去当知州。后来，他又辗转中央、江州、处州等地，很多时候担任的是"提举宫观"一类闲职。这与他"直肠子"的性格，有莫大关系。

后来，陈公辅在朝廷任吏部员外郎、左司谏等职务。在宋高宗赵构面前，依然保持着直言善谏的本色。高宗念其功劳，赐其三品服，又命尚书省画了陈公辅的画像送来，以便随时观览。

绍兴十二年（1142），陈公辅过世，年六十五岁。他一生"襟怀坦夷，无城府，待人遇物，一以至诚"，"训家以俭素，不问产业"[2]，著有《骨鲠集》20卷，逝后赠为"大中大夫"，入祀乡贤祠。

第二个文状元王会龙,临海人,于宝庆二年(1226)状元及第。这是宋理宗赵昀即位后的第一次科考。知贡举邹应龙本想评定试《春秋》经义的李昂英为第一,但有人对理宗说:"上始即位,宜崇帝王之学。"[3]于是,理宗擢拔了试《尚书》经义的王会龙为第一,李昂英则点为探花。

当年十月,王会龙荣归故里。主试官程珌作文以送之,祝贺他在万人之中拔得头筹,并告诫道,状元及第的身份,意味着将来仕途的腾达,更应当"自爱重而不肯为非","爱惜成就"。[4]

绍定二年(1229),王会龙任秘书省正字,曾与理宗皇帝有一番对话。王会龙说:"圣人之学,更进一步学习和研究,格物致知是根本,以实现治国平天下的目标。"理宗说:"帝王之学,应当以'致知'为行动之本。"王会龙又说:"做皇帝,要宽裕民力,加固国家的根本。"理宗说:"我未尝没有爱民之心,但州县不能执行我的命令。"[5]

王会龙从秘书省的小官做起,当过泉州知州,最后官至太府卿——主管国家财货政令,及库藏、商税、贸易等事。

两位武状元，一位是临海的叶澡，嘉泰二年（1202）优等第一人，官至武经郎知沅州；另一位是仙居的陈正大，嘉定十三年（1220）优等第一人，时仙居县有状元坊，就是为了表彰陈正大武举夺魁。[6]

宋朝武举考试内容分两大类：一类是武艺弓马，包括步射和马射；一类是程文，包括策问和兵书大义。照理说，这样的考试能选拔出文武双全的人才。然宋代的名将们，有的出身将门，如以杨业、杨延昭为代表的杨家将；有的出身行伍，如狄青、岳飞等；还有的出身科举，如王韶、宗泽等，却鲜有出身武举，且战功赫赫的将军。

事实上，宋代重文轻武的风气，令武举释褐的官员们往往羞于提及自己的出身，多数武举人也不愿从军。地方志中，对武科进士们的记载亦少之又少。

四位台州状元，仅陈公辅一人《宋史》有传，给世人留下一副金刚怒目的形象。其余三人，虽是考场上的赢家，曾名动一时，却依然如流星划过一般，在历史上难觅踪迹。

藏书家

文学家苏轼在《李氏山房藏书记》中,记录了一场发生在宋朝的信息革命。

他是这样描写的:"余犹及见老儒先生,自言其少时,欲求《史记》《汉书》而不可得,幸而得之,皆手自书,日夜诵读,惟恐不及。近岁市人转相摹刻诸子百家之书,日传万纸,学者之于书,多且易致如此。"

意思是说,从前人们求书很难,一旦获得,就手抄下来,日夜诵读;今天的书商们,一天能刊印无数书籍,读书人要获得书,简直太容易了——数十年间,信息传播就从手抄时代进入印刷时代,这是苏东坡的亲身见闻。

书商们印书,用雕版印刷术,就是把木头锯成木板,再用刻刀在木板上阳刻反体文字,使每个字突出在板上,雕板就做成了。印刷时,将刷子蘸墨,在雕板上刷一层。

接着把白纸覆在板上，另拿一把干净的刷子，在纸背上反复刷。待着墨均匀后，将纸张轻轻揭开，一页书就印好了。不同的雕板，印刷不同的内容，结集起来，就成了一本书。

雕版印刷术起源于公元9世纪的唐代，但真正的商业化普及是在宋代。宋初，太宗赵光义大力发展官府雕印事业。苏轼生活的仁宗到徽宗时代，民间雕印已极为兴盛。在京都汴梁大相国寺东边，各色民营书铺林立。这些书铺集售卖、出版于一体，不仅拥有雕印大部头书籍的能力，其发行的小字书籍，价廉而便于携带，甚至引来官方出版机构的效仿。

北宋时，毕昇发明了活字印刷术，但市面上流行的依然是雕版印刷。原因在于，木制或胶泥制的活字易损坏，耐用的铜制活字成本又太高。雕版印刷虽费人工与木料，却是市场大浪淘沙的结果。而铜活字印刷真正普及，要等到晚清。

南宋，是雕版印刷业的全盛时期。官府、学官、寺庙、私人书坊，都从事雕版印刷。一些印刷业发达的地区，出现了大批以刻书为业的技术工人，哪里有活干，他们就去哪里。比方说,绍兴二十八年(1158),明州(今宁波)重修《文选注》,雕版的熟练刊工大多来自临安、绍兴、湖州等地,待项目完成,他们中的一部分人又跑到台州讨生计。[1]

宋代台州的刻书业相当繁荣。前文提到,唐仲友在台州任知州时,曾请了18个刻工为他刻书。其中,《扬子法言》存留至今,成为稀世珍宝。除唐氏刻书外,还有大量台州刊本书籍问世,像建炎三年(1129),知州谢克家主持刻《李嘉祐集》;淳熙十六年(1189),天台国清寺僧人志南刻了《三隐诗集》1卷,即寒山、拾得、丰干的诗集;淳祐五年(1245),仙居人陈仁玉撰写了《菌谱》,这是世界上现存最早的食用菌专著,由台州郡斋刊印。[2]

得益于发达的图书市场,一些文人墨客可以鬻文为生。南宋江湖派诗人、黄岩县南塘屏山(今温岭市新河镇屏上村)人戴复古,漂泊江湖40年,从未愁过衣食,他的一大部分收入,就来源于稿酬。戴复古是位畅销书作家,他的诗集,早上刚写好,晚上就刻出雕板,甚至"通鸡林海外之舶,贵重一时"[3]。

还有的知识分子，致力于藏书，凡市面上有的好书，都想方设法搜求。读书人嘛，患点"囤书癖"很正常。有人还盖起藏书楼，经几代人、百数十年经营，蔚为大观矣。

北宋临海的陈贻范、陈贻序兄弟，就以藏书闻名。哥哥陈贻范是治平四年（1067）进士，弟弟陈贻序更早两年中第，是治平二年（1065）的进士。兄弟俩官做得不大，却在州城西北的兴国乡专门盖了一座庆善楼，用于藏书。这是台州历史上第一座藏书楼。

庆善楼，台州历史上第一座藏书楼

书多了,找起来麻烦。陈贻范为此编写了《颍川庆善楼家藏书目》2卷,对藏书的类目进行划分。陈贻范的祖先,是东汉末年颍川名士陈寔。给庆善楼冠以颍川这一地名,有向祖先致敬的意味。

藏书楼经几代相传,书越积越多。传至元代陈孚时,已超过万卷书,天文、地理、历法、权谋、族谱等无所不包,楼房也扩建至五楹,改名叫"万卷楼"。

南宋的林师蒇、林表民父子亦爱藏书。林师蒇曾为州学谕,即州学里的教员,平生喜读书、购书。他家境不富裕,只得变卖家具、衣物用于购买心爱的书籍。他的妻子很支持他,不惜变卖嫁妆给予帮助。

通过远求近购,林师蒇积累了数千卷书,另有秘文古帖、断简残刻数千卷。他称家中之堂为"康吉堂",就是用来藏书的地方。康吉堂对当时读书风气影响很大,林师蒇死后十余年,士大夫们仍对此堂津津乐道,"堂之光辉如新,而林君殆不死也"[4]。

林师蒇之子林表民继承了康吉堂。他著述颇丰,家藏更富,戴复古称赞他"风月三千首,图书四十车"。嘉定十五年(1222),林表民跟随陈耆卿一同编纂《嘉定赤城志》。完工后，又将剩余资料编为《赤城续志》《赤城三志》，可惜，这些志书都失传了。淳祐年间（1241—1252），林表民搜集了180余篇两宋文章，编成《赤城集》，流传至今。多亏了他的编纂工作，这些宋人的文字，才能被今人看见。

宋代台州的藏书家，还有临海的谢采伯、谢奕修、谢堂一族人，黄岩的蔡瑞、蔡镐祖孙，温岭（宋时属黄岩县）的丁世雄、丁木父子等。宋代购书门槛虽降低许多，但那些巨编大册，也非寒素之家所能购置的。因此，这些藏书家往往是当地的名门望族。

聚书不易，藏书不散更难。林表民的书，多因水灾而散亡。谢奕修将藏书赠予他人，使得后期无存物。万卷楼名震一时，也早已湮没于历史的长河中。前些年，我前往万卷楼的所在地——今临海市白水洋镇溪岸林村，问村里一位懂史的老人，藏书楼何在？老人给我指了指，说曾经在那里。我顺着手指的方向望去，是一片碧绿的田野。

时间总能消解人生的意义。人哪怕坐拥一座书山，过一两百年，恐怕也化为烟尘了吧。但每一位藏书者，都是他所在时空的传灯人。他们接过文明的火光,再小心翼翼地传递下去。每个人的"光晕"可能不大,接续的过程,却如火龙一般,点亮周遭的黯淡。

紫阳真人与《悟真篇》

《西游记》第71回《行者假名降怪犼，观音现像伏妖王》，说的是观音坐骑金毛犼下界为妖，将朱紫国皇后金圣宫娘娘掳去。有一仙人得知此事，恐娘娘遭玷辱，赐其五彩霞裳，穿上后，妖王即无法近身。

这位仙人，就是紫阳真人张伯端，书中对他的外形做了描述，"棕衣苫体放云烟，足踏芒鞋罕见。手执龙须蝇帚，丝绦腰下围缠"，一副标准的道士打扮。他将霞裳收回后，便向悟空道别，飘然而去。

对历史稍有了解的朋

紫阳真人

友都知道,玄奘西天取经是在唐贞观年间,而张伯端出生于北宋,时代相差了300多年。但没人会揪着吴承恩说:"你怎么把宋朝人挪到唐朝去了?"小说家就是可以任性。

张伯端(984—1082),字平叔,又名用成(诚),北宋内丹学的集大成者,被全真道尊为"南宗始祖"。

张伯端是台州人,这毋庸置疑。《嘉定赤城志》都说了,他是"郡人"。但具体到哪个县,则众说纷纭。有的说是天台人,因为《悟真篇自序》中,他自称"天台张伯端平叔"。有的说是临海人,因为玉枢子王建章的《历代仙史》《张真人本末》和清代康熙年间的《临海县志》,都说他是"天台璎珞街人"或"璎珞街人"。而璎珞街在临海"府治东北,有宋真人张伯端故宅"[1]。

原本张伯端自戴"天台"头衔,说他是天台人应当没有异议。然而宋元明时期,天台为台州别称,各县人士往往自称"天台某某某"。如此一来,张伯端非天台籍亦有可能。

清朝雍正皇帝对张伯端籍贯很好奇,特地派人来实地调查。调查的人写了一份报告,说临海有紫阳故居改建的元坛庙、悟真坊、悟真桥等,绵延数百年,遗迹尚存;天台仅有桐柏官的一处修炼地点,没有别的传下来。因此,"紫阳真人确为临海人无疑也"[2]。

籍贯争议且按下不表。且说生活在北宋年间的张伯端,自小好读书,涉猎儒释道三教经典,像刑法、医学、天文、地理,都有所涉猎,尤其爱好道家学说,喜游山水,慕长生。他曾以儒生的身份参加科举,屡试不第,就到台州官府做个小吏。

基层小吏人微言轻,工资不高,好歹能养家糊口。但因为某件事情受到牵连,张伯端工作丢了,还被发配到岭南(南方五岭以南地区)充军。

究竟因何牵连?《康熙临海县志》讲了个故事:张伯端爱吃鱼。有一天吃饭,朋友们捉弄他,把他的鱼藏到了房梁上。张伯端没吃上鱼,怀疑是婢女偷吃了,就去责怪她。婢女当然不承认,竟还以死证明清白。过几天,梁上有许多虫子爬下来,原来是鱼腐烂生虫了。张伯端这才醒悟,喟然长叹:我生平审阅公文,却不知积案盈箱的公文里,有多少像"窃鱼"这样的冤假错案。

于是，他将手头公文付之一炬。这下闯祸了，按照大宋律例，官府将他贬谪戍边。

县志的记载，有些荒诞不经。"鱼案"非临海独有，如常州等地也有类似故事，只是换了主人公。宋元以来，张伯端的形象日趋繁复，关于他的故事，也如滚雪球般越滚越多。县志的编者只不过将传闻搜集、敷演罢了。

所有传闻中，因罪发配岭南，是确切无疑的。也因为这次流放，张伯端正式开启了他的修道之路。正如道家所云，福祸相依，有时看起来是坏事，却能变成好事。

宋治平年间（1064—1067），张伯端遇到了桂州知州、余杭人陆诜。两人都好道学，都是浙江人，有共同话题，陆诜就把张伯端招为幕僚。陆诜在哪里做官，张伯端就跟到哪里，途中还不忘寻师问道。

熙宁二年（1069），张伯端在成都遇到一位异人（一说是刘海蟾，出自白玉蟾弟子彭耜；一说是青城丈人，出自南宋内丹名家翁葆光），学到了"金丹药物火候之诀"[3]。隔年，陆诜去世，张伯端回到台州，将修炼内丹的心得，著成《悟真篇》。

内丹学，是张伯端道教思想的核心。《悟真篇》的问世，也被看作是内丹理论真正成熟的标志。

道家的炼丹术，素来有外丹和内丹之分。外丹，就是用鼎炉炼仙丹，人吃了以后可以延年益寿，乃至"长生不老"。内丹，就是把人体当成鼎炉，以"精气神"为药物，在体内结成金丹。

外丹术在唐代兴盛，许多王公贵族都服用丹药。古人对丹药的化学成分并不了解，所谓的仙丹，实际含有大量铅、汞，吃了容易上火、食物中毒。像唐太宗李世民、宪宗李纯等，均因服食丹药而死。

既然吃仙丹不灵验，反而有害，到了唐代中后期，人们就慢慢转向内丹。像钟离权、吕洞宾，都是内丹学的宗师。

张伯端极为推崇钟吕二人的思想。他在《悟真篇》中说："自从钟吕著斯功，尔后谁能继踵？"言语之中，有把自己当成钟吕传人的意思。

张伯端认为，内丹修炼过程分为四个阶段：筑基、炼精化气、炼气化神和炼神还虚。在他看来，人生短暂，生死无常，昨天还街头跑马，今天就躺在棺木中。人死之后，亲人、财产也不再拥有。因而，人要尽快修道，修炼出金丹，以达天人同构之境。

晚唐以降，三教合一逐渐发展成为文化主流。张伯端迎合了这一时代思潮，提出了以道教为本位、以心性为旨趣的"三教合一"思想。《悟真篇》的自序中说，"教虽分三，道乃归一"。儒释道三教，都是围绕着人的终极关怀展开的，他们在生死问题的解决上，可以说殊途同归。只要方法得当，无论从哪一家入手，都可以趋达于"道"。

张氏"三教合一"的思想，对宋元道教乃至后世，都产生深远影响。道教金丹派南宗的创始人、"南宗五祖"之一的白玉蟾，在其祖师爷张伯端的影响下，就强调在修炼的过程中，要注重心性的炼养。所谓修道，何尝不是中国传统哲学中"向内而足"的智慧。在这个世界中，你不需要依附于某个强大的存在，完全可以凭借自身修行和精进，获得一个内心自足、自由的状态。

晚年的张伯端，在天台桐柏宫修行。元丰五年（1082），他在百步溪（今属临海）沐浴净身，趺坐而逝，终年九十九岁。据说，在南宋淳熙年间（1174—1189），张家人早晨起来，忽见一个道人进门，坐在中堂，如同这户人家的主人。大家问他张家事，他都对答如流。随后，道人就离开了。人们都说，是张伯端回来了。[4]

这实在是个浪漫的故事。人哪怕云游天外，也不会忘记回家的路。

清朝雍正皇帝崇道，敕封张伯端为"大慈圆通禅仙紫阳真人"，并御笔亲书《道观碑文》，勒石立于临海县紫阳道观。这块石碑，今藏于临海市博物馆东湖石刻碑林内。

陈克的柔与刚

> 曹郎富天巧，发思绮纨间。
> 规模宝月团，浅淡分眉山。
> 丹青缀锦树，金碧罗烟鬟。
> 炉峰香自涌，楚云杳难攀。

这段香艳的小诗，节选自《谢曹中甫惠著色山水抹胸》，出自宋代诗词家陈克之手。曹中甫，就是诗中的曹郎，是一位知名的"服装设计师"，做了一件绘有山水画的抹胸，送给陈克的妻子。陈克很高兴，回赠了这首诗。

谁说只有唐朝人思想开放？宋人的观念一样开放，尤其是像陈克这样家境优越的风流才子。

陈克，字子高，号赤城居士，出身临海世家大族。

他的父亲陈贻序，北宋治平三年（1066）进士，官至湖南运判，诗文为苏轼、曾巩所知。他的伯父陈贻范，是大学者胡瑗的高徒，治平四年（1067）进士，官至处州通判。陈贻范、陈贻序兄弟也是北宋的藏书大家，建有"庆善楼"，开台州藏书楼之先。

陈克生于元丰四年（1081），时值北宋中叶，社会繁荣稳定。父亲到外地做官，他也跟随着宦游四方，读万卷书，行万里路，过着无忧无虑的公子哥生活。

宋代商业发展迅猛，城市日益繁华，崇尚享乐的市民文化，也铺天盖地席卷而来。"太平也，且欢娱，莫惜金樽频倒"[1]，这种及时行乐的商业文化价值观，渗透到整个社会阶层，也深刻影响了文人士子的审美心理——他们开始关注个体的物欲与情欲，尊重个体的自然生命价值，大量的"艳情词""闺情词"应运而生。男子作闺音，男性文人们躲在"艳词"背后，展现女性的生活与情感。

但与唐五代那种浓厚脂粉气的词风不同，北宋的词人们，不再对男女之间的柔情蜜意津津乐道，而是借女性之口吻，融入词人自我的悲欢离合、品性精神。闺阁之情不再是词表现的主要目的,而是抒情写意的手段。柳永、苏轼、周邦彦等是其中的佼佼者,他们对于艳情词的"诗化"改造,将身世之感,打并入艳情,使得传统的"词为艳科"有了更加丰富的思想容量与更加深远的情感内涵。

陈克之词,流传下来有55首,闺情词占比很高。南宋藏书家陈振孙评价:"词格颇高丽,晏、周之流亚也。"[2] 说陈克高雅婉丽的艺术风格,与晏殊、周邦彦相似。一首《菩萨蛮》,尤其为人所称道:

> 绿芜墙绕青苔院,中庭日淡芭蕉卷。蝴蝶上阶飞,烘帘自在垂。
>
> 玉钩双语燕,宝甃杨花转。几处簸钱声,绿窗春睡轻。

庭院深深,闺中女子似睡非睡,一种悠然闲适的意境。当代词学家唐圭璋在《唐宋词简释》中评价说:"此词写暮春景色,极见承平气象。起两句,写小庭苔深蕉卷。'蝴蝶'两句,写帘垂蝶飞,皆从帘内看出。

下片记所闻，燕声、簸钱声，皆从绿窗睡轻听得。通首写景，而人之闲适自如，即寓景中。"

陈克的前半生，就像词中所描写的那样"闲适自如"。然而，"靖康之变"如同一把刀，将他的人生劈成两半。

靖康二年（1127），金朝完颜氏铁骑南下，攻取首都汴梁，掳走徽、钦二帝，导致北宋灭亡。这年，陈克四十六岁，风尘仆仆，两鬓如霜。

陈克本就是南方人。建炎南渡时，他并没有背井离乡，从北方迁徙而来。但家国破碎，于他而言是切肤之痛。他的诗词也走出了闺阁庭院的狭小视界，开始与时代的脉搏一起跳动，与国家的命运一同呼吸。典型的作品是《题赵次张所藏贼头子二首其一》：

> 扬鞭指点万貔貅，
> 打取卢龙十四州。
> 烦君为发禄山冢，
> 看我快饮月氏头。

全诗慷慨激昂，锋芒毕露，尤其是后两句，要挖开安禄山的坟墓，把大月氏人的头颅当酒杯，与岳飞《满江红》"壮志饥餐胡虏肉，笑谈渴饮匈奴血"一句，有异曲同工之处。

陈克是这么写的，也有心这么做。他投入吕祉（字安老，建州建阳人）麾下，充当幕僚。绍兴三年（1133），吕祉任建康知府，与左承奉郎、通判府事吴若和右迪功郎安抚司准备差遣陈克二人商量后，作《东南防守利便》三卷，提交给朝廷。

吕祉、陈克等人认为，临安在海上一角，建都于此，不利于团结南北老百姓的心，应当建都建康（今南京），坐制吴楚，左右淮浙，取资于蜀，调兵于陕，以天下之半，与敌抗争。然而这份颇有战略眼光的提案，宋高宗赵构却并不予以理会。

绍兴六年（1136），陈克写了一首《临江仙》：

> 四海十年兵不解，胡尘直到江城。岁华销尽客心惊。疏髯浑如雪，衰涕欲生冰。
>
> 送老齑盐何处是？我缘应在吴兴。故人相望若

为情。别愁深夜雨,孤影小窗灯。

当年的风流才子,如今疏髯浑似雪,年华在战火中老去,他该何去何从呢?这是陈克给后人留下的最后一首作品。

风流才子陈克,年华在战火中老去

绍兴七年（1137）六月，兵部尚书吕祉节制淮西军马，任命陈克为幕府参谋，一同前往庐州督战。临行前，江东安抚大使、词家叶梦得劝好友陈克："吕安老不是驭将之才，你陈子高也是个诗人，不是国士，淮西诸军方关系错综复杂，你们此行很危险啊！"[3]陈克不听劝，安顿好家人后，依旧单骑从军。

吕祉文人出身，确实没有统兵经验。当时，淮西军主要将领王德、郦琼矛盾尖锐，内斗严重。吕祉想秘密罢免郦琼的兵权，却走漏消息，导致郦琼叛变。吕祉被叛军残忍杀害。

同去庐州的陈克，结局如何呢？

民国《台州府志》记载，郦琼叛乱，陈克奋勇出战，兵败就擒。叛军让陈克下跪，陈克说："吾为宋臣，学忠信之道，宁为珠碎，不为瓦全。"郦琼恼怒，堆起薪柴，将陈克烧死。在烈火中，陈克骂不绝口，声如震雷。

如此壮怀激烈地赴死，颇有张巡、岳飞之风。

还有另一个版本。吕祉死后，陈克并未牺牲，而是被贬至偏远地区。据宋代李心传《建炎以来系年要录》记载："右丞侍郎都督准备差遣陈克送吏部与远小监当。

御史石公揆论克每为夸大无稽之语,吕祉信之,置之幕中。凡祉失军情者,皆克所为,故有是命。"[4]——在御史石公揆看来,陈克常说一些夸大无稽的话,吕祉听信了,导致对军情失察。因此淮西兵变后,陈克被贬谪至偏远州县做监当官,管税收、铸冶等事务去了。

能为此佐证的,是叶梦得《陈子高移官浙东戏寄》一诗:"幕府陈琳老,官身恋故溪。解谈孙破虏,那厌庾征西。未拟烦刀笔,聊应谢鼓鼙。登临如得句,小字与亲题。"这首诗收录在《建康集》中,是叶梦得绍兴八年至十二年(1138—1142)再度担任建康知府时期的作品。由此可见,绍兴七年(1137)兵变后,陈克还活着,并且调到了浙东做官,不然叶梦得也不会写这首诗。

综合史料来看,后一个版本为真实情况的可能性更大一些。即陈克没有死在兵变中,而是事后被贬官了。

晚年的陈克有哪些经历,他何年去世,安葬于何处,俱不可考。在偏远小地任职时,午夜梦回,他是否会想起那年的军旅岁月?晚年的他还写诗词吗?

陈克的人生跨越两宋,中年遭遇国难,导致后半生颠沛流离。他曾以诗文言志，有心报国，却未尝如愿，可谓不幸。作为一位诗词兼工的文人，陈克虽不及同期的李清照、叶梦得、朱敦儒那样耀眼，但也以其清绮婉约的风格，为人所称颂。时至今日，我们依然能读到他的作品。从这个角度而言，他又是幸运的。生命终将停止，而文学能穿越时间。

陈良翰与陈骙

台州人的性格,总与硬气挂钩。鲁迅说的"台州式硬气",耿直中颇有点迂,指方孝孺那一类人。方孝孺是明代人,其实早在宋代,台州人中就有硬气的代表,比如陈良翰与陈骙。

陈良翰,临海人,生于北宋大观元年(1107),南宋绍兴五年(1135)中了进士,朝廷派他去温州瑞安做知县。

瑞安这个地方,民风剽悍,老百姓很不服管。历任官员都对此很头疼,只能从严治理。陈良翰上任后,偏偏宽以待之。催缴租税,也不下行政命令,只是张贴便条,列举要交的东西和数量,民众反而主动按时缴纳。他审案子,也不动粗,听取双方当事人意见,再秉公处理。大家都夸赞:陈县令是个好官。

有人问起治理社会的诀窍，陈良翰笑着说："哪有什么诀窍，就是凭一颗公心，就如虚堂悬镜罢了。"[1]虚堂悬镜，后来成为一个成语，比喻人之心地纯正，明察事理。

宋孝宗即位后，陈良翰在朝中做监察御史。时年宋金对峙，前线的两淮地区战事胶着。朝中也分"主战""主和"两派，主战派代表人物张浚，带兵驻扎在淮泗一带（今安徽、河南、江苏、山东四省交界之地），主张伺机北伐，收复失地；主和派代表人物汤思退，要求军队南撤回长江，缩短防线，固守天堑。

陈良翰是坚定的主战派。他进言，淮河以南、长江以北的这片区域，是重要的军事前线，一旦丢失了这块缓冲区，金军直接南下长江，都城临安就危险了。今朝廷过于听信"舍淮防江"的策略，不让军队积极备战，则会误了大事。

作为言官，陈良翰数次弹劾主和派的官员，尤其鄙视贪生怕死之辈。他的直言敢谏，在主和派看来就是咄咄逼人。尤其在担任左司谏后，陈良翰上疏，称左丞相汤思退"奸邪误国，宜早罢黜"[2]。这番言论，令主和派勃然变色，不久，他被罢去了职务。

宋孝宗最终屈服于主和派的压力。隆兴二年（1164）四月，张浚从前线还朝，赋闲家中。汤思退成为独相，加紧与金国和谈，并主动在两淮地区拆除军备。

之后战事的发展，果然如陈良翰所料。十月，金兵挥师南下，轻而易举地突破了两淮防线，长江告急。占据了主动权的金国，在谈判中狮子大开口。消息传回国内，一时间群情激愤，表示宁可国毙，也不屈从。太学生张观等72人联名上书，请斩汤思退及其同党，并起用陈良翰、胡铨、王十朋等人。一个月后，汤思退在贬官途中忧悸而死。

宋金对峙过程中，南宋一直处于守势，兵戎相见时，确实不争气。金国一方，则有内部不稳之患，真拼个你死我活，也讨不到好处。双方重启和议，各自让步。南宋不再向金朝称臣，改称叔侄之国，"岁贡"改称"岁币"，银、绢各减五万两、匹。同时，南宋割让采石之战后收复的唐（今河南唐河）、邓（今河南邓州）、海（今江苏连云港）、泗（今江苏盱眙）、商（今陕西商洛)、秦(今甘肃天水)六州与金。这场和议,史称隆兴和议。此后40年,边境无战事。

陈良翰官至太子詹事,他以诤言闻名,且严于律己,宋孝宗将他看作魏徵一般的人物。乾道七年(1171),陈良翰病逝,终年六十四岁。宋光宗即位后,特谥其"献肃"。聪明睿智曰献,刚德克就曰肃。聪明而刚直的人,是对他的盖棺定论。

陈骙是陈良翰的晚辈,同为临海人,年纪要小二十一岁,绍兴二十四年(1154)进士。

关于中进士,有段小插曲。这一年的礼部贡院试士(省试),陈骙原本是第一名。权相秦桧的孙子秦埙也参加了考试,秦桧便"开后门",把孙子名次提到了第一。而另一位可怜的考生——时年十九岁的陆游,则名落孙山。

进入官场后,陈骙仕途还算顺利。起初在太子身边做官,之后到地方历练,出知赣州、秀州,再回到中央,陪侍皇帝讲经论史。

陈骙延续了前辈陈良翰直言敢谏的特点。绍熙二年(1191)春,出现雷雪天气。当时人以为,凡是有极端天气,都是天子不施仁政引来的上天责罚。陈骙便上疏30条给皇帝的批评意见。比如,要官要赏现象屡禁不止,影响公平;监督官员的台谏,成为排斥异己、结党营私的工具;对武将的赏罚,取决于身边人的汇报,导致贿赂横行等等。每一条都切中时弊。[3]

绍熙四年(1193)二月,陈骙任参知政事,位列宰辅。宋光宗赵惇体弱多病,很久没到重华宫看望太上皇宋孝宗,导致外界各种猜测。有的说光宗精神不大正常,也有的说他惧内,受制于李后。宋朝以孝治国,皇帝父子关系如此不和睦,使满朝文武为之不安,认为于社稷不利,于人伦有悖。

陈骙三次入奏光宗,劝他要多去看看太上皇:那毕竟是您的父亲。光宗有所感悟,终于在冬至节这天,强扶病体,到重华宫看望父亲。第二年春节,光宗又亲自参加了慈福宫的庆典。

绍熙五年(1194)六月,孝宗去世,光宗不肯主持丧礼,导致国丧无法正常进行。陈骙请求光宗早点确定皇储,以安天下人心,亦被光宗拒绝。七月,赵汝愚、韩侂胄等大臣逼光宗退位,拥立光宗次子赵扩为帝,是为宋宁宗。

在宁宗朝,陈骙依旧担任参知政事。但他既不与赵汝愚一伙,也不与韩侂胄为伍,两边不讨好。韩侂胄大权独揽后,就将陈骙贬官。庆元二年(1196),陈骙在婺州知州任上退休,于嘉泰三年(1203)去世,终年七十五岁。

陈骙还是一位文学理论家,他于乾道六年(1170)完成的著作《文则》,是中国历史上第一部修辞学专著。南宋时,学子为了考取功名,都专研科考时文之法,文章变得程式化、套路化,根本没法看。陈骙就是在科举时文之法滥行的背景下,专注于《六经》诸子文章的研究,寻找经典文章中的文法,来扭转当时的写作风气。他所开创的文体论,今天看来亦不过时。

清代学者洪颐煊在《台州札记》中,将陈良翰、陈骙与北宋状元陈公辅并称"临海三陈"。三陈有个共同的特点,不媚上,敢讲人所不敢讲;不犬儒,不与权贵同流合污。这样的品质,放在历朝历代都受人尊重,也是他们能名列正史、为世人所铭记的原因。

二徐先生

宋淳熙九年（1182），大儒朱熹出任浙东常平使。在巡视台州途中，他专程跑到白岩山麓（今临海市沿江镇下百岩村），拜谒二徐先生墓。

墓前，他作诗以祭奠："道学传千古，东瓯说二徐。门清一壶水，家富五车书。但喜青毡在，何忧白屋居。我怀人已远，挥泪表丘墟。"诗文简洁直白，意在向墓主人致敬。

二徐，即徐中行、徐庭筠父子，《宋史》有传。台州文教与学术的兴盛，就缘于这两位先生。

徐中行，临海人，生活在北宋晚期。他年轻时，因仰慕胡瑗的学术，到京城游学。胡瑗是誉满天下的理学家，主张"广设庠序之教"，即推行基层普及教育，一生从教 30 余年，门下弟子数千。

在京城，徐中行拜会了"布衣宰相"范纯仁和司马光，颇得赏识。司马光称赞他将来"不为国器，必为儒宗"。[1]后来，他在胡瑗学生刘彝那里获得了经义，日夜苦读、思索，学识愈发深厚。

史书把徐中行归于"隐逸"一类，原因是他多次拒绝举荐，不入仕途。两浙路提点刑狱罗适、台州知州李锷都曾向朝廷推荐徐中行，认为他有德行、有才能，适合做官。徐中行谢绝了他们的好意，甚至束幅巾、执藜杖，往来于黄岩委羽山中，以隐士之举表明自己的态度。

其实，徐中行拒官的根本原因，是当时章惇、蔡京把持朝政，他们贬斥旧党，流放诸臣，引发了民间士人的不满。徐中行自然不愿进入这一群体，他与友人说："人无德行，与禽兽有什么差别呢？"[2]

既不做官，那就开馆授徒，把精力花在教育州邑子弟上。徐中行将毕生所知，小到洒水扫地、应酬对答，大到治国平天下，都倾囊相授，毫无掩藏。人们称他为"八行先生"，意思是他有"孝、悌、睦、姻、任、恤、忠、和"八种美好的品行。

徐中行之子徐庭筠，字季节，是根硬骨头。南宋绍兴年间（1131—1162），他参加科举考试，正值权相秦桧当朝，科场里有一股阿谀的风气。果然，这年的试题是，如何歌颂中兴。徐庭筠叹道："现在是歌颂的时候吗？"[3]遂在试卷上陈述了不足以中兴的五条理由。

这样的考生，判落榜不说，还要被拉入"黑名单"。徐庭筠干脆回老家，学父亲当起了教书先生。他一生清贫，晚年只能租房子住，却怡然自得。他曾作《咏竹》诗一首，当中写道"未出土时先有节，便凌云去也无心"，可见在他内心，气节比什么都重要。

黄岩县尉郑伯熊曾拜访徐庭筠，向他请教。徐庭筠道："富贵易得，名节难守，愿安时处顺，主张世道。"[4]郑伯熊遵从了他的话语，后为一代名臣，也成了"永嘉学派"的代表人物。

两宋之交，二徐先生培养出了大批学子。理宗朝丞相杜范在《跋徐季节文》中说道："余祖父及乡族先辈，皆季节先生弟子。余幼时已闻其笃行雅言，虽酬对俗语，莫非师训，至今传诵以相警厉……"南宋教育家石𡒉在《徐季节先生墓志铭》中写道："淳熙七年春正月，黄岩支汝续踵门拜且泣曰：吾邦不幸，去冬十有一月六日，乡先生徐公弃世，晚学后进无所依归。"

至宋末，朝廷赐谥徐中行为"真定先生"，赐徐庭筠为"温节先生"，也算是对两位的功绩，给予了官方肯定。

从更长的历史尺度来看，二徐应是台州儒学里程碑式人物。他们不仅将胡瑗之学传入台州，也为南宋赵师渊、杜烨等学者做了先导。清代学者王棻说："言台学者，必首二徐，七百年来无异议矣。"[5]

二徐先生墓曾毁于明代倭乱，如今能看到的墓，为清代乾隆年间重修。墓表，有嘉庆十三年（1808）冬，浙江巡抚阮元的题字，"宋徐贞定先生暨子温节先生之墓"。

朱熹与台州

前文聊过朱熹弹劾唐仲友案，这里还想分别聊聊两位当事人。

朱熹与台州，有一种特别的缘分。他一生中两次到过台州。

第一次，是在绍兴二十一年（1151），那年他二十一岁，考中了铨试，来到台州黄岩灵石山拜访谢伋。

谢伋，官至太常少卿，自号"药寮居士"，与朱熹的父亲朱松关系甚好。他在黄岩城西北40里的灵石山上，构建了一处药寮，过着亦儒亦释亦道的隐士生活。

这样一位"山中宰相"，无疑是青年朱熹心目中的偶像。此行，他在聆听教诲后，写下《题谢少卿药园》二首，后来编入他的诗集《牧斋净稿》之首。其二写道："小儒忝师训，迷谬失其方。一为狂酲病，望道空茫茫。颇闻东山园,芝术缘高冈。喑聋百不治,效在一探囊。再拜药园翁,何以起膏肓?"

诗中,朱熹称自己为小儒,在求学过程中得了"狂喑病",以至于迷失方向,内心很迷茫。谢伋这般归隐田园、儒释道三教圆融的智慧,无疑治疗了他的膏肓沉疴。回到福建后,朱熹一头扎入儒经、佛典和道书中,追求自己心目中的"道"。

第二次到台州,即淳熙九年(1182),浙东发生大饥荒,朱熹以"浙东提举"的身份巡历台州。七月二十三日入台州城,至八月十八日离开,期间,他将大部分精力放在弹劾台州知州唐仲友上。

与此同时,他体察当地灾情,拨二万贯钱来赈灾,并拿出一万贯"专项贷款"给黄岩兴修水利。他查访得知,黄岩县乃台州之粮仓,产粮量最多,一州中有四县的粮食全仰仗黄岩供给,甚至还有余粮运往新昌、嵊县。当地的官河有水闸等水利设施,通过开闭闸门,来调节农田的灌溉,但因年久失修,早已失去作用。

朱熹认为:"水利修,则黄岩可无水旱之灾;黄岩熟,则台州可无饥馑之苦。"[1]他将修闸一事,托付给黄岩县的宣教郎林鼐、承节郎蔡镐,希望这两位本地的候补官员能具体负责,对重要的水闸先行开工修缮。

然而,修闸一事,朱熹只是建议,并未真正落地。他本人在台州停留了20多日,便前往缙云县,途经仙居,还拜访了退休在家的龙图阁直学士吴芾。不久,朱熹辞官归故里。两年后,也就是淳熙十一年(1184),四川人句昌泰提举浙东常平,在他的主持下,黄岩县新建了六闸(回浦、金清、长浦、鲍步、交龙、斗门),增修了三闸(周洋、永丰、黄望),当地水利设施才得到改善。

除了亲临台州,朱熹还两次主管台州崇道观,一次是淳熙元年至三年(1174—1176),另一次是在淳熙十年至十二年(1183—1185),前后4年时间。宫观祠禄官,是宋代特有的官职制度。宋代皇帝笃信道教,让罢职的大臣管理宫观,只发俸禄,不必做事,以示优待。朱熹虽主管台州崇道观,实际在福建老家做学问,并未到天台桐柏宫就职。

朱熹的至交好友中,有位叫石𡼖的台州人。石𡼖与朱熹做过同事,也在朱熹老家福建尤溪当过知县,在任期间，重农桑、兴文教，深受百姓爱戴。朱熹称其"论仁之体用甚当，以此意推之，古今圣贤之意历历可见"。[2]后来，石䃅回到临海，在章安创办观澜书院，教授生徒，发展地方教育事业。

淳熙九年（1182）六月，石䃅在家乡病故，年五十四岁。朱熹七月巡历台州时，斯人已逝，只能"哭其殡"。在为其撰写的《知南康军石君墓志铭》中，朱熹深情地怀念了这位故人的生平和两人的交往经历。

朱熹与台州的交集，还体现在桃李众多。"明初诗文三大家"之一的宋濂在《故愚庵先生方公墓版文》中写道，朱熹"传道授业者，几遍大江之南，而天台为极盛"。这里的"天台"，指的就是台州。

宋濂列举了朱熹在台州的传人，有"潘子善氏、林叔恭氏、赵几道氏兄弟以及杜良仲氏，如此者不能遍举"——说的是临海的潘时举，黄岩的林鼐、林鼒兄弟，赵师渊、赵师夏兄弟以及杜晔、杜知仁兄弟。

潘时举，字子善，太学上舍生释褐进士，曾任无为军（今安徽无为）教授。他跟随朱熹学了很长时间，常侍立左右，并记录朱子言论。朱熹在与台州籍学生的书信中，答潘时举的最多，有11封，内容包含答性理、孔孟、书诗、历史、持守和为学之问，其中论《易》最为详细。潘时举还给朱熹画过肖像，并落款"天台潘氏"。

林鼐，字伯和，曾任定海县丞、福州侯官知县等职，颇有政声。朱熹除了将黄岩修水利一事交托给林鼐，还曾写信给他，谈论读书方法，文中以老兄称呼。林鼐，字叔和，号草庐，是林鼐的弟弟。朱熹的《晦庵集》中，有《答林叔和》三书，其中谈到如何应对当时学派林立的现象，还谈了谈如何看待孟子和程颐观点不同等问题。

杜晔，字良仲，号南湖先生。杜知仁，字仁仲，号方山隐士。二杜起初跟随石𡼖学习，又经石𡼖介绍，与朱熹相识。杜晔师事朱熹10余年，深得老师真传。《晦庵集》有《答杜仁仲良仲》一书、《答杜仁仲》四书。后来，杜氏兄弟创立"南湖学派"，门下弟子众多。如宋理宗朝的宰相杜范，就是二杜的孙辈，年少时跟随两位从祖游历，因而见多识广。

赵师渊、赵师夏兄弟，是朱熹忠实的追随者。赵师渊随朱熹修编了《资治通鉴纲目》。赵师夏则是朱熹的孙女婿，南宋教育家黄榦在《答刘正之见招四绝·其四》中写道："紫阳不作远庵死，一醉同君话昔年。"紫阳即朱熹，远庵即赵师夏，可见二人之亲近。

此外，在《晦庵集》中，与朱熹有书信往来的台州人，还有应恕、杜贯道、池从周、赵师雍、赵师葳等。朱子通过书信，为他们答疑解惑，还时不时寄去一些学习资料。

元明以降，程朱理学备受推崇，朱熹与台州衍生出许多传说，难免有牵强附会之嫌。比方说，仙居流传朱熹将儿子送入桐江书院读书的故事，并题有《送子入板桥桐江书院勉学诗》："当年韩愈送阿符，城南灯火秋凉初。我今送郎桐江上，柳条拂水春生鱼。汝若问儒风，云窗雪案深工夫。汝若问农事，晓烟春雨劳耕锄。阿爹望汝耀门闾，勉旃勉旃勤读书。"史上未必真有其事，但朱熹对台州文化影响之深，是不言而喻的。

唐仲友造桥刻书

说完朱熹,我们再来聊聊"朱唐案"的另一位主角唐仲友,他在台州担任知州两年,为官不清廉,朱熹所弹劾的内容,有理有据。但话又说回来,他也为台州做了一些好事。人就是这样的善恶综合体。

南宋淳熙八年(1181),唐仲友主持修建了中津桥,这是他最大的政绩工程。

台州城南毗灵江,城里人要去往黄岩、温州,都须过灵江到南岸。南岸的人要进城,也得过江。

南宋以前,灵江无桥,过江需要摆渡。台州城有3个渡口,上津、中津、下津,尤以中津渡口最繁忙,其位置在兴善门外的金鸡岭下,船舶往来,昼夜不绝。

唐仲友到任后,问当地老百姓,为什么不在灵江上造桥呢?百姓回答,这灵江潮起潮落,水位升降大,很难造桥。更何况，江上有这么多摆渡人，渡口边这么多做生意的小贩，造了桥，把这些人饭碗砸了，他们还吃什么？

但唐仲友认为，要致富，先修桥修路。在灵江上造一条通衢，两岸往来更加便利，能创造更多就业机会。于是，他将建桥提上日程。

考虑到桥梁要适应灵江的潮汐变化，唐仲友决定造一座浮桥。开建之前，他先命人做了1:100的桥梁模型，放在水池里，通过加水取水，来模拟潮涨潮落。经反复试验，觉得可行，才开始动工。[1]

浮桥的主体，由船和梁板构成。每2艘船组成1节，总共50艘船，组成25节。然后用缆索、地锚、锚碇等设备，将浮桥的所有船只串联，连系固定为桥面。

修造时，工人们采用"活动引桥"的方法，即在桥的两端，搭建可以起落伸缩的活动引桥，将一端固定于河岸；另一端，用可随着水位上下而升降的多孔栈型桥面，来衔接浮桥与河岸。如此一来，不论涨潮落潮，桥面都能随着晨昏潮汐的起伏，随时变换坡度，不影响通行。

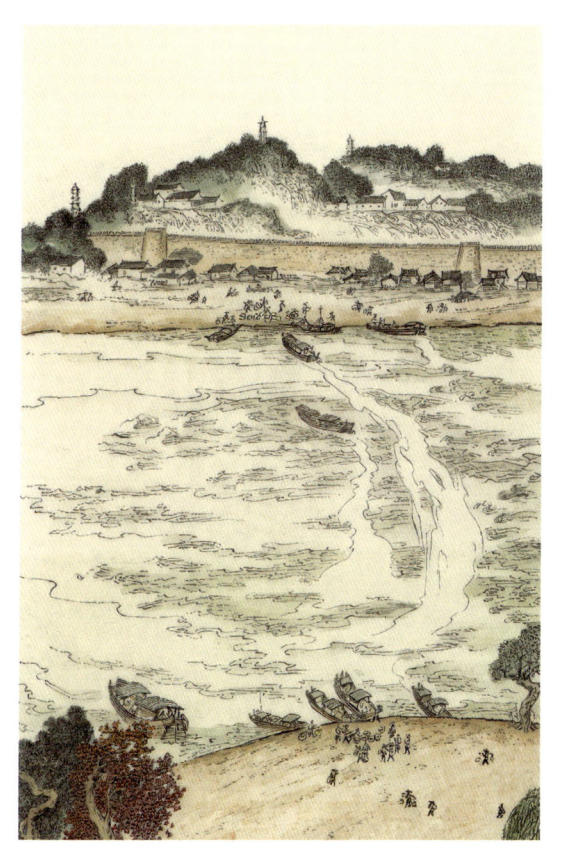

建桥前景象 临海市博物馆提供

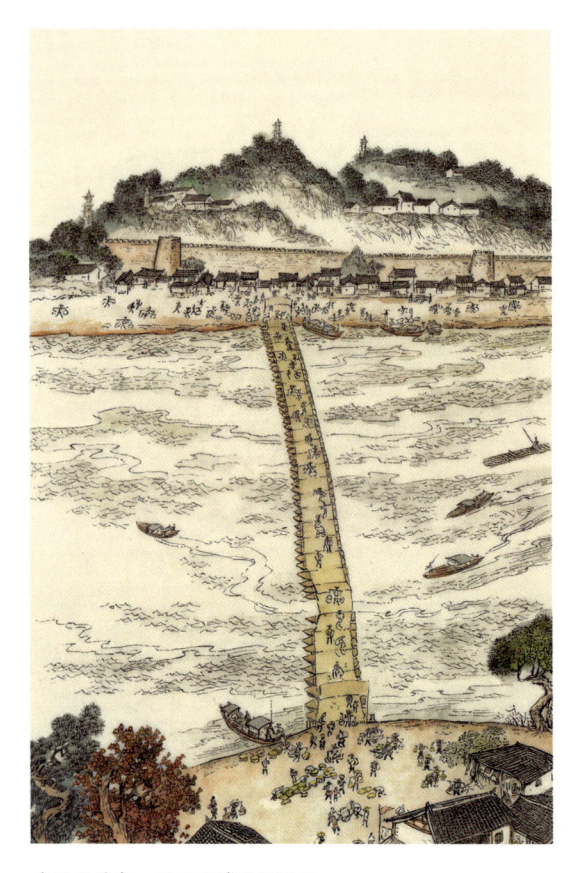

建桥后景象　临海市博物馆提供

四月开工，至九月，浮桥落成，因位置在中津渡口，故名中津桥。桥长八十六丈（约272米），宽一丈六尺（5米余），颇具规模。

朱熹在弹劾唐仲友第三状里说，造浮桥花了近一万贯的官钱，但建成后，却在桥边专门设置了一个机构，拦截过往船只，收取过路费，相当于给当地增添了一座税场，贻害无穷。

这里有必要为唐仲友说两句公道话。淳熙八年（1181），正是灾荒年，百姓日子不好过。台州大搞基建，以工代赈，可缓解部分灾民的困顿生活。造桥耗费大量州库钱，收一些过路费，回笼资金，也无可厚非。更何况，浮桥的建成，确实方便了两岸百姓。

之后，中津浮桥横跨灵江近800年，屡坏屡修。直到20世纪60年代，才彻底退出了历史舞台。

唐仲友在台州做的另一件好事，是刻了许多珍贵的书籍。

宋代刻书业发达，文人写作刊书盛行，许多前代书籍也通过雕印流传，"宋体"更是印刷体中最常用的字体。

唐仲友是刻书的"发烧友"。在台州任职期间，他主持刻书数种，有《荀子》20卷、《中说》（或称《文中子说》）10卷、《扬子法言》13卷、《昌黎先生文集》（或称《韩子》）40卷及《外集》10卷、《后典丽赋》40卷。其中《荀子》《文中子说》《扬子法言》《韩子》合称《四子》。

台州刊本的《扬子法言》，今藏于辽宁省图书馆。该书半叶8行，每行16字，白口，左右双边，采用柳体字，版面疏朗，有"字大如钱，楮墨如新"的浙刻本特点。[2]唐仲友为该书题了后序，落款"大宋淳熙八年，岁在辛丑，十有一月甲申，朝请郎权发遣台州军州事唐仲友后序"。

刻书的工人，有蒋辉、王定等人，这与朱熹弹劾唐仲友第六状相吻合，"去年三月内，唐仲友叫上辉就公使库开雕《扬子》《荀子》等印版。辉共王定等一十八人，在局雕开"。宋代刊书，刻工的姓名一般署在版心下方，有"物勒工名"的意思，表示对该书质量负责。《扬子法言》版心下，就有蒋辉的署名。

台州刊本的《荀子》，也是由蒋辉等18人所刻，

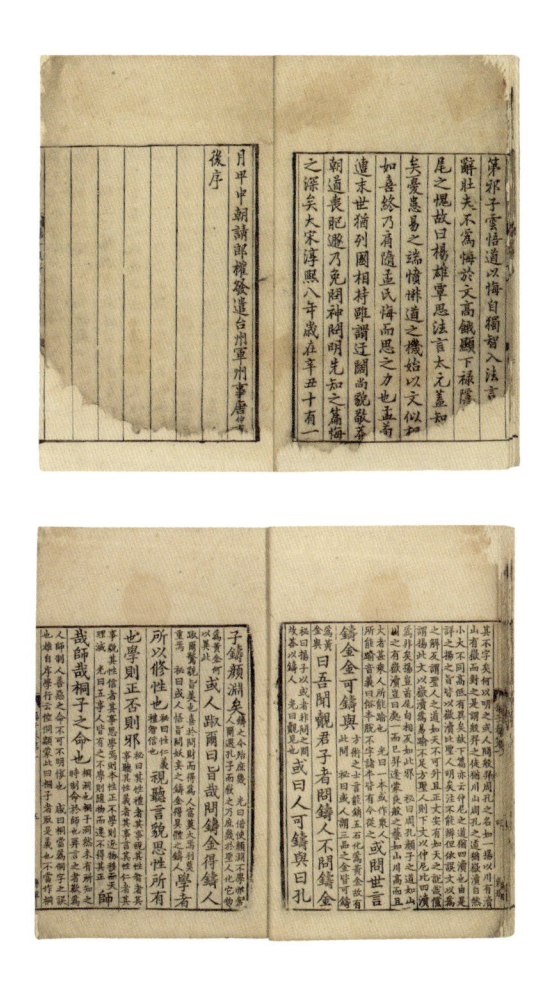

鑄金金可鑄與曰吾聞覿君子者問鑄人不問鑄金
或曰人可鑄與曰孔
子鑄顏淵矣　或人踽齬曰旨哉問孔子而得鑄人
之術學者
所以修性也視聽言貌思性所有
也學則正否則邪師哉師哉桐子之命也
　
第卻子雲悟道以悔自獨習入法言
辭壯夫不爲悔於文高鐵顯下祿隱
尾之愧故曰楊雄草思注言太元蓋知
矣憂愚之瑞憤悱道之機貽以文似如
如喜終乃肩遵孟氏悔而思之力也孟寄
遵末世猶列國相呼謂迂闊尚虢敬尊
朝遏喪吧漆乃免閉神悶明光加之篤悔
之深矣大宋淳熙八年歲在辛丑十有一
　　　後序
月平中朝請郎權發遣台州軍州事唐仲

与《扬子法言》版式相同。《荀子》一书传至宋代，熙宁元年（1068）由崇文院校订、国子监印行。宋室南渡后，书籍缺毁严重。唐仲友任台州知州期间，寻访到善本，就命人用公使库钱雕刊。

唐仲友遭弹劾后，这些雕板收归南宋国子监，再刊印的，就成了国子监刊本。

台州本《荀子》后来舶运到日本，曾收藏于金泽文库——这是日本镰仓幕府时期，由政治家北条实时创建的图书馆。镰仓幕府灭亡后，文库藏书多有散失。台州本《荀子》几经辗转，在德川幕府时代，为书法家狩谷望之所得。狩谷据此为母本，摹刻了副本。再后来，母本亡佚，副本却留了下来。

清光绪年间，外交家黎庶昌先生担任驻日公使，以重金搜求我国散佚日本的经籍。随员杨守敬，每天出入坊市，物色古籍，竟发现台州本《荀子》的副本。光绪八年至十年（1882—1884），黎杨二人编刻《古逸丛书》，收录本土久已失传的26种书籍，其中就包括了台州本《荀子》——兜兜转转，它重新回到了国人的视野。

所谓"一页宋版，一两黄金"，台州本《四子》之中，一本存于国内，一本流亡海外，尚能为今人所见，至于《文中子说》与《昌黎先生文集》则无处寻觅了。据朱熹弹劾唐仲友第六状所言，当年共印了606部《四子》，如今仅存一二，实在令爱书之人扼腕叹息。

唐仲友本人也著述颇丰，传世的却只有《帝王经世图谱》一本，另有零星文章，散落于地方古籍。据说，这是朱熹门徒故意打压的结果。朱唐公案，历来就有两种截然不同的说法，站朱熹者有之，站唐仲友者亦有之。有两位我非常尊敬的学者，一位是浙江师范大学黄灵庚教授，另一位是临海市博物馆原馆长徐三见先生，都为唐仲友鸣不平。我的讲述，仅仅为读者提供一种视角罢了。

陈耆卿与《嘉定赤城志》

南宋嘉定十一年（1218）十月，青田县主簿陈耆卿携书稿前往永嘉城郊水心村，拜访水心先生叶适。后生晚辈拜访名士，总是带上自己的作品，以求指点一二。

此时的叶适，已年近古稀。居家十年，他一边讲学授徒，一边著书立说，在生命的最后阶段，要完成对永嘉学派理论的总结。

有后生来做客，老人家很欣慰。在寄来书信中，这位后生说："听闻先生写了一部《习学记言》，天下学子争相诵读，我却未读到，今日来，就是想提着耳朵，听先生的教诲。"[1]

很快，两人见面了。陈耆卿呈上他的著作《筼窗初集》与《孟子纪蒙》。叶适读后，惊诧地站了起来：这是颗读书种子，文章可追元祐四友、建安七子啊！

于是,他欣然为陈耆卿题序,写有《题陈寿老文集后》《题陈寿老论孟纪蒙》,并称赞道,陈耆卿之文"驰骤群言,特立新意,险不流怪,巧不入浮","理趣深而光焰长"。

陈耆卿回去时,叶适又以诗相赠,"天台雁荡车接轸,青田又促半潮近。冠岩带壑无俗情,秋干春荑竞时尽……古今文人不多出,元祐惟四建安七。性与天道亦得闻,伊洛寻源未为失"。[2]

在青田任职的三年里,陈耆卿多次拜访叶适,跟随他学习。晚年的叶适,则将陈耆卿当作最得意的传人,恨不得将毕生学识倾授予他。

嘉定十六年(1223)正月,叶适病逝,享年七十三岁。临终前,他说:"我从前与吕祖谦谈论事情,现在都与陈耆卿谈论。"[3] 叶适去世后的数十年,世上文字逐渐衰落,陈耆卿却岿然为宗师。也多亏了他的传承,永嘉学派的学术思想传至台州,往后生生不息。

陈耆卿(1180—1236),字寿老,因居室窗前手植筼筜(大竹的名称),自号筼窗,临海人。他出身书香门第,自幼好学,年少已有文名。其父陈禹屡屡科考不顺，就将希望寄托在儿子身上，对其言传身教。陈耆卿也未辜负父亲的心血，嘉定七年（1214），登进士第。从集英殿出来，他喜极而泣，说："匪孤之能，父母之德也。"[4] 这年，他三十四岁。

陈耆卿为人刚直，这种品质到官场里，就显得"情商不高"。时值史弥远专权，朝政纲纪被搞得乌烟瘴气。宝庆二年（1226），陈耆卿入秘书省工作。刚从基层到中央，他的才华便引起了史弥远的关注。史党有意拉拢陈耆卿，未承想，此人官阶不高，脖子倒挺硬，对抛来的橄榄枝不为所动。那就待在原地吧，升官别想了。

有老乡劝陈耆卿，写一篇祠记，中间加一些吹捧史弥远的内容，服个软。陈耆卿谢绝了老乡的"好意"，谄媚权相，是万万不可为的。他在《筼窗自赞》中说："以为似我我不欣，以为非我我不嗔，以为穷我我不屈，以为达我我不伸。我须我眉，我冠我巾，惟寄于天地之内，而游于天地之外，是之谓神。"

不畏强权的故事，史书里很常见，硬骨头哪个时代都有。而真正令陈耆卿名留千古的，是他编纂了一代名志——《嘉定赤城志》。

台州有着悠久的方志编纂历史。今可追溯的第一部方志雏形，是三国时期沈莹的《临海水土异物志》。南朝刘宋时又有孙诜的《临海记》。到了北宋，台州陆续出现了余器的《台州图经》、无名氏的《临海图经》等多部图经。图经具有很多方志的特征，但不如方志那样完备，且这些书大多残缺、亡佚了。

宋代修志之风盛行。宋室南渡后，台州作为辅郡，政治、经济、文化空前繁荣，却缺少一部内容丰富、体例完备的方志，好像有点说不过去。南宋淳熙到开禧年间（1174—1207），尤袤、唐仲友、李兼等人任台州知州，都曾有意推动修志工程，最终未能如愿。

嘉定三年（1210），黄𫖮任台州知州，一到任，就将修志当成头等大事。谁来修呢？据黄知州多方打探，他决定将这项艰巨的任务，交到刚而立之年、还未考中进士，却已在文坛崭露头角的陈耆卿手上。

受此重任，陈耆卿夙兴夜寐，花费两年时间完成了方志的初稿。然而，嘉定五年（1212），黄𫖮调离台州，改任袁州（今属江西宜春）知州。主抓项目的领导走了，修志一事也因此搁置。这一搁，就是十年之久，其间稿子还散失许多。

直到嘉定十五年（1222），台州知州齐硕才重提编修方志。他遂聘陈耆卿为统纂，姜容为主事，学者蔡范、陈维、林表民等人负责分头采集资料，最后由陈耆卿主笔统一审定。终于，在嘉定十六年（1223），全书告竣，共40卷，30万字。

《嘉定赤城志》分为地里门、公廨门、财赋门、吏役门、秩官门、版籍门、军防门、人物门、山水门、祠庙门、寺观门、冢墓门、风土门、纪遗门、辨误门，合计15门。内容涵盖了当时台州的人文地理、山川风物、版籍赋税、宗教习俗，可以说，这是一本宋代台州的百科全书。

从体例上看，《嘉定赤城志》是典型的纲目体，先设总纲，纲下分细目，纲举目张，这样结构严谨且分类清晰。例如，《人物门》下设历代、国朝、释道等目，每一目下，又细分仕进、遗逸、侨寓等陈列，读者一目了然。

在体例编排上，陈耆卿也做了大胆的创新，开创性地增设了《辨误门》，此门在同时期的方志中都未设立。

《辨误门》的内容，出自陈维之手，主要是对史志、传说中，关于台州山水名称方位的存疑之处，进行考证辨误。因为写得有理有据，被陈耆卿看中，收入《嘉定赤城志》中。例如，当中指出宁海置县始于西晋武帝之时，而不是《新唐书·地理志》所载："台州临海郡……县五……宁海，上，武德四年析临海置。"

陈耆卿既称文宗，其文笔凝练，语言平实而节制，但又气韵十足。他将自己的文学才华运用到《嘉定赤城志》的写作中。在写到台州府衙时，他这样描述："然屋宅多架巉岩，危轩杰阁，旁涌侧出，摘星辰而舞云气，视阛阓百倍。公退暇，杖藜舆竹，清赏幽讨，岂不足以呼吸光润，而增为政之清明哉。"[5]文字不多，却仿佛绘制出一幅素雅的水墨画。

作为永嘉学派的传人，《嘉定赤城志》亦透露出陈耆卿经世务实的思想，这体现在诸多门的序言中。如《山水门八》序言中，陈耆卿就说，通过此门，将台州各处水利设施标注齐全，目的在于使将来有志者能够按图索骥，来兴办水利，惠及地方百姓。在《公廨门四》序言中，他建议官员能将仓库场务、茶盐酒税以均节剂量原则处理，让政府不匮乏的同时，也不伤民力。

《嘉定赤城志》是台州现存最早的一部总志，也是全国现存20余种宋代方志之一。它的问世，为后世修方志者树立了一个极高的标准。清代黄岩学者王棻说，《嘉定赤城志》是他见过的数十部台州郡县方志中最好的一部，并感叹道："陈志事立之凡，卷授之引，词旨博赡，笔法精严，繁而不芜，简而不陋，洵杰作已。"——这实在是了不起的杰作。

纵观陈耆卿的一生，父母给予他爱与心血，老师叶适传授他学术根基，弟子吴子良、车若水等传承他的思想，他本人也编撰了《嘉定赤城志》这样不朽的作品，可谓大圆满。他称得上台州的左丘明、司马迁。

赵汝适与《诸蕃志》

南宋嘉定十七年（1224），宋宁宗赵扩驾崩，终年五十七岁。据说，他的死与权相史弥远有关。史弥远还联手皇后杨桂枝，罢黜太子赵竑，立宁宗的远房堂侄赵昀为帝，是为宋理宗。个中的宫廷权谋，值得史书好好记上一笔。

也是在这一年，一位拥有皇室血统的台州人赵汝适，到泉州出任福建路市舶司提举。市舶司，是中国古代管理对外贸易的机关。福建路市舶司提举，相当于掌管福建对外贸易的一把手，是个从五品的官职。

或许是因为品级不高、远离中央，史官未注意到这位官员，《宋史》并无他的传记，民国《台州府志》关于他的描述也仅寥寥数笔。就是这样一个名不见经传之人，却在泉州任职期间，写出了我国历史上首部翔实记载海外交通贸易的志书——《诸蕃志》。

赵汝适，字伯可，宋太宗赵光义八世孙，原籍河南开封。北宋灭亡时，他的祖父赵不柔衣冠南渡，寓居台州。他的父亲赵善待，起初任四明作院院监。四明作院，是制作兵器的工场，院址在鄞县（今宁波鄞州区）。赵善待任满后，也就把家安在鄞县，此后连年在外做官。赵汝适出生那年，是南宋乾道六年（1170），其父在江阴县令或吉州通判任上。

赵汝适十八岁那年，父亲去世。二十岁时，他被授予了将士郎，因为根据当时的政策，已故官员之子可以受遗泽得官。从此，赵汝适步步升迁，历任余杭县主簿、湘潭县丞、武义知县等职。他的妻子陈氏，出自临海名门，父亲陈广寿是刑部侍郎，祖父陈良翰是太子詹事，均为一时显宦。

南宋嘉定十年（1217），母亲季氏去世，赵汝适丁忧三年，其间迁居临海。嘉定十六年（1223）出任福建南剑州知州，次年任福建路市舶司提举。

有读者朋友要问：既然史书对他的记载很少，为什么他的生平履历如此清晰？

原来，1983年，临海进行文物普查时，在临海大田区岭外乡岭外村（今大田街道岭外村）一位钱姓农民家里，发现了赵汝适的一方墓志刻石。该志由其子赵崇缜撰写，全文630余字，较为详细地记叙了墓主人的身世脉络。诚如沈从文先生所言："中国古人给世上留下了一部二十四史的巨著，地下却也还埋藏着另外一部更加重要的二十四史。"

话说赵汝适到了泉州，上任伊始，就决定要写一本记叙各国地理、物产和贸易的志书。他希望这本书可以为商人出海贸易提供资料，也为政府管理海外贸易提供参考。

彼时的泉州，海外贸易进入空前繁荣时代，其港口地位日益超越广州，成为蕃商胡贾航海踵至的国际贸易城市。宋诗有云："苍官影里三州路，涨海声中万国商。"[1]可以想见，赵汝适走在泉州港内，眼见风樯鳞集，云帆遮天。出入的各色人等，操着别样口音的汉语，叫卖声此起彼伏。人们从船上卸下进口香料、象牙、玳瑁等，又将丝绸、瓷器、书籍等物品运上货船。

两宋朝廷历来重视海外贸易，因为这可以带来不菲的税收。北宋神宗曾说："东南利国之大，舶商亦居其一焉。"[2] 南宋财政收入中，百分之二十来自海舶。宋高宗赵构说："市舶之利最厚，若措置得当，所得动以百万计，岂不胜取之于民？朕所以留意于此，庶几可以少宽民力。"[3]

但贸易中也存在问题。由于进口的香料、珠宝太多，大多为官宦、富豪所用，大量的金银铜铅外流，而当时亟需军械、军饷，因而，南宋一度缩紧了对外贸易政策。宋光宗至宁宗（1189—1224）在位期间，政府关停了杭州、秀州、温州、江阴等四处市舶司。

面对这种形势的变化，赵汝适坚持认为，发展对外贸易是利国利民的大好事。他不甘心做个循规蹈矩的"公务员"，想在市舶工作上有所建树。他在志书的《自序》中说："盖欲宽民力而助国朝，其与贵异物穷侈心者，乌可同日而语。"——搞外贸，是为了宽松老百姓的人力物力，增加国家的收入，跟那些穷奢极欲者的所作所为根本不是一回事。

由于无法亲自出访海外，赵汝适就利用职务之便，询问来华的商人、水手，还时常到外商聚集的居住区，即宋代称之为"蕃坊""蕃巷""蕃人巷"的地方,进行实地采访,收集资料。《自序》中写道:"乃询诸贾胡,俾列其国名,道其风土,与夫道里之联属,山泽之蓄产,译以华言,删其秽溇,存其事实。"可见在写作过程中,他还下了一番去伪存真的功夫。

从嘉定十七年(1224)九月,到宝庆元年(1225)九月,前后一年时间,赵汝适写成《诸蕃志》。该书分上下两卷,共3万字,涉及58个国家和地区。作者以泉州为锚点,介绍了各国的地理位置、各国前往中国的路程、主要特产以及与中国的关系和影响。

例如,书中写到阇婆国,"于泉州为丙巳方,率以冬月发船,盖借北风之便,顺风昼夜月余可到"[4]。该国盛产象牙、犀角、龙脑、玳瑁、檀香等。南朝宋元嘉十二年(435),阇婆国曾与中国通商,后断绝,直到北宋淳化三年(992)才恢复了朝贡之礼。阇婆国大约位于今印度尼西亚爪哇岛或苏门答腊岛。

从《诸蕃志》陈列的各国情况来看,当时的东南亚至阿拉伯海域,形成了一个商业圈。交趾、占城、新罗、倭国、大食、三佛齐等国,与中国有着密切的商贸往来。

其中，大食国，即阿拉伯帝国的商人异常活跃，足迹遍布商业圈各国。在当时的中国沿海城市，阿拉伯语也成为商队之间的一门通用语言。

《诸蕃志》描述了各国的风俗习惯，有助于商人们入乡随俗，方便贸易。如交趾国（今越南北部红河流域一带），男女均赤脚，每年的正月四日，杀牛犒赏其民，每年的七月十五日为其大节，居民互相馈赠礼物，十六日则举行盛大宴会。这个国家不能造纸笔，因而书中还提醒商人，可以和该国做纸笔生意。

书中还点明了与一些地方贸易存在一定风险，如蒲哩噜（今菲律宾波利略岛）"人多猛悍，好攻劫"[5]。也有一些国家关系恶劣，如阇婆国与三佛齐国（曾统治马来半岛和巽他群岛大部分地区的古国）世代结仇，互相攻击。

《诸蕃志》成书后，立即成为中外商人争相收藏的实用参考书，一时间洛阳纸贵。该书真实地记载了南宋时期泉州港的繁荣景象，书中所记海外诸国的地理、环境、风物等，也为后来的史书所引用。尤其难能可贵的是，作者为后人描绘了一幅波澜壮阔的"海上丝绸之路"场景——在13世纪,曾出现过一个以中国为中心,连结亚、欧、非三大洲的海洋贸易体系。

绍定四年(1231)三月,赵汝适到杭州任吏部官告院主管,负责颁发文武品官授官证书事务。七月,他因病辞官还乡,当月十二日病逝,葬于临海县重晖乡赵岙山。

一百多年后,元代航海家汪大渊两度从泉州出航,历经东南亚和印度洋,回国后写成《岛夷志略》。又过了一百年左右,明代马欢随郑和船队三次下西洋,著成《瀛涯胜览》。他们都参引并继承了《诸蕃志》的体例。然而,赵汝适的生平,却沉没于时间之海中。清人在编著《四库全书》时,称《诸蕃志》"叙述详核,为史家之所依据",对该书的作者,却喟叹"始末无考"。[6]

所谓"书红人不红",说的就是赵汝适这样的人。

近代以来,中外学者对《诸蕃志》亦重视有加。1911年,德国人夏德、美国人洛克希尔合注英译本《诸蕃志》,由俄国圣彼得堡皇家科学院印刷所刊行。译作中共征引西文文献263种、中文文献57种。1928年,历史学家顾颉刚等提议，将《诸蕃志》铅印，作为交通史料。交通史学家冯承钧对《诸蕃志》精心校注，其1937年的校注本是当代较为通行的版本。[7]

多亏了那一方出土的墓志，我们才得以认识这位"宝藏作者"。而在漫漫历史长河中，又有多少伟大而不为人知的作者呢？

赵汝适墓志

平民宰相谢深甫

临海市白水洋镇保宁村水晶坦自然村,有一座大墓。墓前有牌坊,前额书"济世爱众",后额书"清风峻节"。墓道两旁,摆列着石像生。其中一对石马、一尊文官像、一尊武官像,是南宋时的旧物。石马没有了脑袋,武官面容模糊。

墓道的尽头,就是墓冢。墓碑上写着"大宋少傅右丞相赠太师鲁王谢公深甫偕林氏夫人之墓"。南宋一代宰相谢深甫埋骨于此。

谢深甫,字子肃,临海人,一位出身草根的"平民宰相"。

据说,谢深甫的祖先是东晋太傅谢安。但"旧时王谢"再怎么富裕,传到他这一代,早已泯然众人。

谢深甫从小就明白知识能改变命运的道理。他对自己极其严苛,每日学习到深夜,困了,就把脚放到凉水里,醒醒神,继续学。

谢父对儿子抱有很高的期望,奈何去世得早,临终前,他嘱托妻子,这孩子"当大吾门"[1],应当好好教育他。谢母便未改嫁,一边持家,一边督学。

谢深甫果然未辜负这份期望,乾道二年(1166)考中进士,这年他二十七岁。

关于中第,洪迈的《夷坚志》与田汝成的《西湖游览志余》,各记载了一则故事。前一则说,谢深甫原名不叫"深甫",是一回做梦时,有人告诉他,叫"深甫"会有大吉利。于是,他用"谢深甫"这一名字去考试,谁知,好几年都未中举。正当他以为神明在戏弄他,想再次换名时,梦中人又出现,说:"难道这回还考不上吗?"他醒后,依然用"深甫"的名字报考,这回总算考上举人,第二年顺利登进士第。[2]

后一则说,乾道二年(1166),谢深甫穿着草鞋,去临安赴省试。到会稽县曹娥渡时,想坐船,钱不够,受到了摆渡人辱骂,他无奈,只好另寻渡口。后来,谢深甫考中进士,做了浙江的漕运官,在曹娥渡见到了当年辱骂他的摆渡人。那摆渡人吓得伏地请罪。谢深甫哈哈大笑,说:"我不治你的罪,但以后台州的秀才往来,你可不能收他们的钱了。"[3]

两则故事虽似小说家言,但故事的背后,也许透露出一些真实的信息。比方说,谢深甫早年在乡试屡屡受挫;再比如,他的确出身贫寒。

中进士后,谢深甫长期在地方任职。在嵊县尉任上,他修葺县学、明断是非。有一年闹饥荒,路边有具尸体,一个老妇人哭诉道:"这是我的儿子,在某家做事,是被雇主打死的。"谢深甫觉得疑点重重,就慢慢地走访调查,在其他地方,找到了老妇人的儿子。经过对质,老妇人讲出了实话:"是有人贿赂我,让我诬告儿子的雇主。"[4]

之后,他担任昆山丞、浙曹考官、青田知县等,每到一处,都政绩斐然,因此被侍御史葛邲、监察御史颜师鲁等人推荐。淳熙十二年(1185),宋孝宗召见了他。

在皇帝面前,谢深甫不卑不亢,对答从容。皇帝很满意,提拔他做籍田令,掌耕宗庙社稷之田,又"亲擢再三"[5],让他当大理丞、江东提举。一个基层的地方官,三年内连升三级,颇有种"平步青云"的意味。大诗人杨万里写了《送谢子肃提举寺丞》诗二首,其中写道:"十载江湖州县底,一言金石冕旒前。"——你这颗遗落在州县十多年的珍珠,终于到闪闪发光的时候了。

宋代讲究学而优则仕,事实上,学与仕是两码事。一个知识渊博的学者,不一定能当好八面玲珑的官员。但不得不说,谢深甫确实是个优秀的管理决策者。在担任江东提举时,当地闹旱灾,谢深甫推出了一系列赈灾举措,救活了160余万人。在临安府尹任上,他施政得体,宋光宗夸奖他:"首都的领导不好当,管得宽松,没有法度;管得严厉,百姓不便,只有你的管理方式恰到好处。"[6]

一些公文里,谢深甫也多受好评。《工部侍郎谢深甫落"权"字》评价他"性禀粹纯,行能肤敏"[7]。落"权"字,意思是从"权工部侍郎"转正为"工部侍郎"。到他工部侍郎转官时,评语是"雍容禁橐,屡形批敕之风;润色邦条,雅得稽经之意"[8]。这两则评语,都是由文学家、时任中书舍人的楼钥起草的。

宋宁宗即位后,在朝中实权派、外戚韩侂胄的举荐下,谢深甫担任御史中丞,成为御史台的长官,有对朝中百官的监察之权。

当时,韩侂胄与宰相赵汝愚两大巨头斗得天昏地暗。最终,以赵汝愚贬死衡州,韩侂胄大权独揽而告终。随后,韩侂胄发动了"庆元党禁",指道学为"伪学",对朱熹、周必大等道学一党进行无情打压。

许多史书称,由于韩侂胄的举荐,谢深甫才能身居要职,因此谢为韩党。事实上,谢深甫虽感激韩侂胄的提携之恩,但就此论定他是韩党,则过于武断了。根据《宋史》的记载,两人并非一路人。

在宋光宗年间(1189—1194),谢深甫担任言官,专门提意见。当时,皇帝准备破格任命韩侂胄遥郡刺史之职。谢深甫反对这一任命,对皇帝说:"韩侂胄跳过五级,直接转遥郡刺史,这不符合法令,此例一开,人人效仿,以后如何处理?请收回任命。"[9]

"庆元党禁"后,对于道学派,谢深甫也抱着同情的态度。有个叫余嚞的小官,为了谋求上位,竟然上书称,希望朝廷将朱熹斩首,以绝道学,并指朱熹的弟子蔡元定是伪党。谢深甫看后大怒,将上书掷于地,与同僚们说:"朱熹、蔡元定不过是相互探讨学术问题罢了,何罪之有?余嚞这样的虱虫小人,居然如此狂妄!我们要一同上奏,驱逐这等人,以儆效尤。"[10]

庆元六年(1200),谢深甫以右丞相兼提举国史。他守法度,惜名器,为政宽和,在他任内,宋朝国力有所增强。嘉泰二年(1202),他还领导敕令所编修完成了《庆元条法事类》——这是一部南宋法律、经济资料的汇编。该书以事分门,诸法完备,便于当时的法官检索法条。

从目前残存的16个门类来看,《庆元条法事类》涉及官员任用、财政、赋税、农业、宗教、刑狱、服饰、少数民族、畜牧等方方面面,堪称宋代律法的百科全书。

除了政治家的身份外,谢深甫还是一位诗人,著有《东江集》十卷,今已失传,只有零星诗文散见于不同的文集,如《谢除江东提举表》《恭州到任谢表》《高宗亲征诏草跋》《陈氏族谱序》《宋故夫人周氏墓志铭》,还有以宋宁宗赵扩的名义所作的五篇册文、谥文,另有《天台道中》诗一首。[11]

嘉泰三年(1203),谢深甫罢右丞相,授观文殿学士,判建康府,次年因病去世,终年六十五岁。

自谢深甫后,谢家人才济济。其长子谢采伯,登嘉泰二年(1202)进士,历知严州、徽州、湖州等,以节度使终,著有《密斋笔记》;孙女谢道清,是宋理宗赵昀的皇后;曾孙谢堂,德祐元年(1275)赐进士出身,担任同知枢密院事,次年正月担任知枢密院事。

谢深甫的墓前,原本有块无字碑,人们曾经以为,"无字"的含义,是墓主人生前的功业,后人无法评说。实际上,《谢氏宗谱》里有一篇署名"中大夫秘阁修撰枢密副都承旨张嗣古拜撰"的墓志铭。这篇铭文,是谢深甫被追赠鲁王时所作,本想刻于墓前神道碑上。然而,谢氏子孙大多宦游在外,一时间无人负责此事,便拖延下来,直至南宋灭亡,就只剩无字碑了。

谢道清的故国与故乡

南宋德祐二年（1276），蒙古大军兵临临安城下，南宋朝廷写了归降表，六十六岁的太皇太后谢道清，签上了自己的名字。

这是个悲伤的故事。

谢道清，临海人，宋理宗赵昀的皇后，前宰相谢深甫的孙女。

虽是相门之后，但因父亲谢渠伯早逝，谢道清的家境不宽裕。童年时，她住在台州城崇和门外的村庄里，不属于"城里人"。

谢道清当家早，常在村边小溪浣衣、洗菜，典型的农家女模样。她长得不好看，不光皮肤黧黑，一只眼睛还生了白膜。

嘉定十七年（1224），赵昀即位，是为宋理宗。

新皇要选后宫，皇太后杨桂枝建议，在谢氏家族里选一个女孩。因为谢深甫当宰相时，曾援立她为皇后。如今她当了太后，要还谢家的恩情。

谢家待字闺中的女孩，唯谢道清一个。能入宫，麻雀变凤凰，自然是好事。但她的祖叔谢举伯却反对，理由是，入宫要带嫁妆，以谢家的经济状况，恐负担不起。更何况，以谢道清的长相，只能当个宫婢，在深宫终老。

祖叔的话虽不好听，却很实在。可好巧不巧，适逢元宵，不知从何处飞来几只喜鹊，停在了谢家的花灯上。这是个吉兆，于是大家决定，送谢道清入宫。

入宫前，谢道清突发生疹，待病好后，表皮褪去，皮肤竟然变得莹白如玉。有位医生还给她用药，治好了眼病。

宝庆三年（1227）九月，谢道清被立为贵妃，这年她十七岁。

是年十二月，宫廷议立皇后。当时，天台人、淮东制置使贾涉之女，也进入宫闱，且天生丽质，深受理宗皇帝宠爱。理宗当然希望立贾女为后，却遭到杨太后反对。

宋理宗皇后谢道清

太后说:"谢女端重有福,宜正中宫。"周围人也窃窃私语:"不立真皇后,倒立个假(贾)皇后。"[1]理宗无奈,只好册封谢道清为皇后。

这是一场近乎包办的婚姻。理宗不爱谢道清,专宠贾贵妃;贾氏死后,又转宠阎贵妃。谢道清倒也不介怀,她为人谦和、仁慈,作为皇后,她很称职。

理宗朝,一颗政治明星快速升起——贾涉之子贾似道。在开庆元年(1259)的鄂州保卫战上,贾似道表现出色,百余日的攻防大战,逼退忽必烈,为南宋摆脱了几近亡国的困境。

之后,贾似道担任宰相15年,大权独揽。他推出一系列改革措施,如公田法、打算法等战时经济政策。然而,这些改革反倒加速了南宋内部的离心。

德祐元年(1275),丁家洲之战,贾似道兵败如山倒,死在了贬官途中。南宋也失去了最后的抵抗能力。

得知消息的国都官员们,纷纷逃命去也,朝堂上仅寥寥数人。此时已垂帘听政的太皇太后见到这般荒凉场景,内心悲愤不已:"我国家三百年,待士大夫不薄。吾与嗣君遭家多难,尔小大臣不能出一策以救时艰,内则畔官离次，外则委印弃城，避难偷生，尚何人为？"[2]

随着元军逼近临安，就连左丞相留梦炎、右丞相陈宜中，都鞋底抹油开溜了。谁会愿意为一个穷途末路的王朝殉葬呢？只有少数几个。

谢道清安排陆秀夫带着宋室后嗣，暗中逃出临安城，期望他们能东山再起。她本人，则带着年仅五岁的宋恭帝留守临安，并任用文天祥。

可最终，还是回天乏术。

签署投降书时，谢道清说，只要生灵不涂炭，向元称臣也不计较了。

投降后，谢道清和左丞相吴坚被带到元大都，羁押在那里。吴坚当年病故，棺柩由其子护送回乡，葬于仙居县城西郊的西岙。

3年后的崖山之战，南宋残余势力彻底灭亡。杜范的侄子杜浒，也参与了这次战斗，兵败后，忧愤而死。

又过了4年，谢道清在元大都过世，年七十三岁。她最后的心愿，是能像吴坚一样，葬回自己的家乡。

从北京到江南，关山万重，回家谈何容易？有一种传说，谢道清真的归葬故乡临海，葬在父亲谢渠伯的墓旁。但更大的可能是，她留葬在了北方。

抛开政治身份，谢道清就是一个普通人，一个在历史汹涌的浪潮中，身不由己的老人。可就是这位老妇人，陪着南宋走完了最后的旅程。

临海人将谢道清年幼洗菜的地方，唤作洗菜桥，这个地名沿用至今，成为一条街巷的名称。

杨栋墓与延恩寺

如果不是一次修路,有谁会知道,延恩寺的后山会埋着一座宋墓呢?

2022年8月,临海市涌泉镇延恩寺,施工队的挖掘机在后山平整路面过程中,掘到了一处墓穴。

考古工作者很快赶到现场。在发掘过程中,他们确定了墓主人身份——南宋参知政事杨栋。

杨栋,字元极,四川眉州青神县人氏,绍定二年(1229)以榜眼入仕,主要活跃于宋理宗执政时期。此前,他的生卒年不详,而今墓志的出土,解开了这一谜团——他生于庆元二年(1196),卒于咸淳六年(1270)。

杨栋的一生毁誉参半。一方面,他直言敢谏。《宋史》记载,当时有个女道士出入宫廷,无所禁忌,还善于私下托关系,朝堂上议论纷纷。杨栋上疏理宗,说女道士与小人交往甚密,天下人都看着,应该驱逐这样的人。理宗听从了他的建议。

另一方面,他与权相贾似道走得很近,史书称他"尼于权臣"[1]。景定元年(1260),右丞相兼枢密使贾似道独揽朝纲。他登用一些老臣,杨栋也在登用名单中。景定四年(1263),杨栋进同知枢密院事兼权参知政事,拜参知政事,入宰辅之列。

然而,在景定五年(1264),一个今天看来寻常不过的天文现象,直接断送了杨栋的仕途。这年秋七月,天空中有彗星划过。杨栋说,这不是彗星,而是"蚩尤旗"[2]——古人认为此星出,将有征伐之事。

当时,距离宋蒙之间的鄂州之战,刚过去5年,尚处于短暂的和平时期。我们无从得知杨栋为何指彗星为蚩尤旗。但他以虚幻的天象之说,预示再起兵戈的言论,显然令贾似道心生疑窦。很快,杨栋被免去了等同副宰相的官职。他的宦海浮沉,可谓成也贾似道,败也贾似道。

杨栋既是四川人,为何会葬在台州?这要从一所书院说起。

景定三年（1262），台州知州王华甫在临海东湖建了上蔡书院，请杨栋来担任书院的山主（即院长）。杨栋精通程颢、程颐的伊洛之学，称得上当世大儒，著有《崇道集》《平舟文集》，世称"平舟先生"。他欣然答应王知州的邀请，前往书院执教。

从墓志来看，杨栋四月任上蔡书院山主，六月即离任。而这短短的两个月时间，似乎令他喜欢上了台州。他认为此地风俗勤俭，适合教化子孙。于是他退休后，举家搬迁到临海。

七十四岁那年，杨栋去世。按他生前遗愿，本想叶落归根，葬回故乡青神，可当时的四川已被蒙元占据，只好寄葬台州。杨栋墓所在的延恩寺，则成为他的功德坟寺。

有宋一代，大臣贵戚往往申请功德坟寺，让寺中僧侣为其代管坟茔、诵经祈福。寺庵也作为家族成员岁时聚会、祭祀先祖的场所。

延恩寺，旧名涌泉寺，建于晋朝太康年间（280—289），传说，隐士任旭的妹妹曾在此建庵修行，诵读《莲经》，须臾间，有泉水从地上涌出来，并生出白莲花,故名"涌泉"。灌顶法师、怀玉禅师等高僧,都曾驻锡于此。南宋时,延恩寺已颇具规模,有田667亩,地172亩,山621亩。[3]

杨栋升任参知政事,按照政策,能指定一座功德坟寺(或称香火寺)。听说台州有涌泉寺,他想起少年时,在家乡的青神寺也见到过"涌泉"的匾额,喜出望外,便请求理宗皇帝,能将涌泉寺赐给他,如此"万里外得之,犹吾乡矣"[4]。理宗爽快地答应了。

像杨栋这样的高官葬在台州,地方志本该记载。不过南宋的《嘉定赤城志》修于杨栋生前,明代《赤城新志》又修于200多年后,均未能对此有所记载。杨栋过世后,又过了9年,南宋灭亡。除了子孙,谁会在意一个前朝的宰辅呢?终于等子孙也不再记得时,杨栋墓便深埋地底,无人问津了。

通过考古发掘,杨栋墓出土了酒具、砚台、玉佩、铜镜等40余件文物。砚台的下方,还发现一张纸片,上有文字。尤其令人瞩目的是一组金腰带,上刻球路纹饰。

在宋代,四品以上的官员才能配金腰带。而根据官阶的不同，腰带纹饰与附设也作了区别。据《宋史·舆服五》记载："三公、左右丞相、三少、使相、执政官、观文殿大学士、节度使球文，佩鱼；观文殿学士至华文阁直学士、御史大夫、中丞、六曹尚书、侍郎、散骑常侍、开封尹、给事中并御仙花。"

此前在全国范围内出土过两宋时期金腰带的，有江西遂川北宋政和元年（1111）的郭知章墓、重庆南川南宋绍兴二十五年（1155）张俣墓、江苏苏州元大德八年（1304）吕师孟墓。这些金腰带，均是御仙花——也就是荔枝纹饰。由此可见，杨栋金腰带之珍贵。

根据文物的属地性质，这组金腰带将成为临海博物馆的镇馆之宝，市民能近距离观赏到。其主人生前的权力、地位、荣耀早已灰飞烟灭，唯金色的纹饰，依然闪耀着光芒。

后记

2013年,我大学毕业,进入台州日报社,成为一名新闻工作者,至今10年有余。在这个人员如走马灯变换的行业里,我已然是一名老兵。

我的大学同学们,多数去当中小学语文老师,也有做公务员、企业文职的——这是中文系毕业生的自然选择。据说,班里干新闻工作的,独我一人。

记者确实是份苦活,苦在采访与写作。采访不消说,台风、疫情等突发事件来临时,记者总跑在前线。我刚进报社那会儿,在商报做维权新闻,有次和消费者去一家物流公司讨说法,被对方推搡,回想起来,仍心有余悸。

至于写作,那是我曾经的爱好,当它变成工作时,就令人苦恼,甚至"面目可憎"。多少个夜晚,我趴在电脑前，吭哧吭哧写得辛苦。一双笨手，写了上句，接不了下句，急得抓耳挠腮，只觉得头发眉毛一并燃烧起来。我年纪不大，头上白发却如野草般生生不息，可能就是拜熬夜写稿所赐。

抱怨就此打住。新闻工作当然也有好的一面：这些年，作为文化记者，我奔走于台州各地，听到过无数的好故事。比方说，黄岩南宋古墓是怎样发掘的，英国传教士是如何到临海建医院的，日本海军大将乘坐的飞机是怎么坠落椒江的……

听完故事，把它们记录下来，写成文字报道，与读者分享。据科学家说，这个过程会产生大量内啡肽，使人感到愉悦。会不会产生内啡肽，我不知道，但写完一篇长稿子，内心总会有种充盈感——或许来自工作完成，或许来自知识增长，但我更愿意相信，这是写作本身带来的快感。

2022年夏天，时任临海市文化和广电旅游体育局局长王荣杰先生对我说："既然你写了这么多故事，不妨写一本临海宋韵的书籍吧。"

我欣然答应。临海为台州千年府（州）治所在，从唐代起，至20世纪90年代，一直是台州的行政中心、文化中心。它也是座不折不扣的"历史文化名城"：始建于唐的古城墙，如今依然保持三面合拢的状态；城内的景观、街坊结构，与宋代罗城图相比大致无差。在浙江境内，若要寻找一座"宋城"，以临海最够格。这座城市确实值得好好书写一番。

2023年起，我采访学者、探寻古迹，一度钻入故纸堆里，将宋代台州州治临海的历史梳爬、整理一遍，于是就有了这本《大宋台州城》。书分三记，"读城记"，从城市、山水、人文、经济、风物等角度出发，尽可能还原宋代台州城的景象；"读史记"，叙述宋代台州发生的一些事件，如高宗驻跸金鳌山、朱熹弹劾唐仲友等，尤其朱唐案，导致了后来的"庆元党禁"，从某种角度说，改变了历史的进程；"读人记"，是围绕宋代台州相关人物的写作，在历史的夜空中，他们是耀眼的星辰。

本书绝非学术著作，更像是一本历史散文集。我以尽量通俗的语言，为大家讲述这片土地上存在过的人与事。人类尚未发明时光机，我无法抵达历史现场，只能从古籍的字里行间、今人的研究成果里，竭尽所能寻找

"真实"。从这个意义上来说,我像一个翻译者:将古籍里的文言文翻译成现代文,将专家学者的学术论文翻译成通俗的文字。

本书的出版,要感谢王荣杰先生,若非他的信任,我出版第一部个人专著的时间,可能还要推迟许久。

感谢台州市新闻传媒中心(集团)总编辑黄保才先生。他是个单纯的理想主义者,对我们极尽宽容与保护。

感谢赵宗彪、王寒伉俪,他们是我写作上的领路人,总是无私地给予我帮助。

感谢浙江省文物考古研究所郑嘉励老师赐序。我将郑老师视作偶像,幻想有一天能写出他那样动人的文字,这很难,我会为之努力。

感谢浙江古籍出版社姚露女士,作为本书的责任编辑,她付出了诸多辛劳。向她的专业与严谨致敬。

感谢于鹏、黄英、张莉贝、刘倩、陈抒怡女士,徐三见、马曙明、林大岳、陈耿、王斌、彭连生、陈国炎、包建永、罗钏艺、杨辉先生对本书的贡献。感谢江竹铭先生为本书创作了精美的插画。感谢王小红老师提供的摄影作品。

最后,要感谢妻子、父母,写作道路上,他们给予了我最大的爱与支持。

注释

读城记

城墙

1 〔宋〕苏梦龄撰:《台州新城记》,见〔宋〕林表民、〔明〕谢铎辑,徐三见点校:《赤城集 赤城后集》,北京:中国文史出版社,2007年,第6—7页。
2 〔宋〕陈耆卿纂,徐三见点校:《嘉定赤城志》,北京:中国文史出版社,2004年,第8—9页。
3 〔宋〕元绛撰:《台州杂记》,同1,第16页。
4 郑嘉励:《台州府城墙(靖越门东侧)解剖报告》,见徐三见主编:《台州府城墙》,北京:文物出版社,2011年,第240页。
5 〔明〕王士性撰,朱汝略点校:《王士性集上》,杭州:浙江古籍出版社,2013年,第294页。
6 〔元〕脱脱等撰:《宋史》,北京:中华书局,1977年,第1338页。

7 〔宋〕吕祖谦撰：《台州重修城记》，同1，第8页。

8 包伟民著：《宋代城市研究》，表1—8两宋州军城墙，北京：中华书局，2014年，第72—75页。

9 同2，第7页。

子城

1 〔宋〕陈耆卿纂，徐三见点校：《嘉定赤城志》，北京：中国文史出版社，2004年，第9页。

2 〔宋〕钱俨撰：《吴越备史》卷四，四部丛刊续编史部，第1页。

3 同1，第47页。

4 〔元〕石抹继祖：《重修总管府记》，见〔宋〕林表民、〔明〕谢铎辑，徐三见点校：《赤城集 赤城后集》，北京：中国文史出版社，2007年，第303页。

坊市

1 〔宋〕陈耆卿纂，徐三见点校：《嘉定赤城志》，北京：中国文史出版社，2004年，第14—16页。

2 〔宋〕洪迈撰，何卓点校：《夷坚志》，北京：中华书局，1981年，第1094—1095页。

3 〔宋〕叶适撰：《水心先生文集》卷十七《黄子耕墓志铭》，四部丛刊初编集部，第201页。

4 同1，第342页。

5 〔宋〕陈公辅：《临海风俗记》，见〔宋〕林表民、〔明〕谢铎辑，徐三见点校：《赤城集 赤城后集》，北京：中国文史出版社，2007年，第18页。

百万人口

1 〔宋〕陈耆卿纂，徐三见点校：《嘉定赤城志》，北京：中国文史出版社，2004年，第268页。

2 〔宋〕吕祖谦撰：《吕祖谦全集》，杭州：浙江古籍出版社，2008年，第46页。

3 〔宋〕谢深甫纂：《庆元条法事类》，北京：燕京大学图书馆，1948年，第27页。

4 吴松弟著：《南宋人口史》，上海：上海古籍出版社，2008年，第114页。

5 〔元〕脱脱等撰：《宋史》，北京：中华书局，1977年，第1381页。

6 〔宋〕徐梦莘纂：《三朝北盟会编》，上海：上海古籍出版社，1987年，第972页。

7 〔清〕徐松撰，刘琳、刁忠民、舒大刚、尹波等校点：《宋会要辑稿》，上海：上海古籍出版社，2014年，第8338页。

8 同1，第233页。

庙与祠

1 〔后晋〕刘昫撰:《旧唐书》,北京:中华书局,1975 年,第 1591 页。

2 〔宋〕陈耆卿纂,徐三见点校:《嘉定赤城志》,北京:中国文史出版社,2004 年,第 428 页。

3 〔宋〕石公孺撰:《台州临海县灵康庙碑》,见〔宋〕林表民、〔明〕谢铎辑,徐三见点校:《赤城集 赤城后集》,北京:中国文史出版社,2007 年,第 143 页。

4 同 3。

科举鼎沸

1 [日]成寻著:《参天台五台山记》,武汉:崇文书局,2022 年,第 55—56 页。

2 任林豪、马曙明著:《台州历代进士考》,上海:上海古籍出版社,2018 年,第 24—25 页。

3 钱穆:《理学与艺术》,见《宋史研究集》第七辑,台北:台湾书局,1974 年,第 2 页。

4 余起声主编,浙江省教育志编纂委员会编:《浙江省教育志》,表 17—3 历朝浙江籍进士人数统计表,杭州:浙江大学出版社,2004 年,第 1092 页。

5 〔宋〕陈耆卿纂,徐三见点校:《嘉定赤城志》,北京:中国文史出版社,2004 年,第 42—43 页。

6 同5。

7 〔元〕脱脱等撰:《宋史》,北京:中华书局,1977年,第3605页。

州学

1 〔宋〕曾易占撰:《南丰县学兴学记》,见曾枣庄、刘琳主编:《全宋文》,上海:上海辞书出版社;合肥:安徽教育出版社,2006年,第330页。

2 〔宋〕李防撰:《丹邱州学记》,见〔宋〕林表民、〔明〕谢铎辑,徐三见点校:《赤城集 赤城后集》,北京:中国文史出版社,2007年,第64—66页。

3 〔宋〕邹补之撰:《武进县重开后河记》,见〔明〕张国维:《吴中水利全书》卷二十四,钦定四库全书,第25页。

4 〔元〕脱脱等撰:《宋史》,北京:中华书局,1977年,第3976页。

5 〔宋〕季翔撰:《台州重修学记》,同2,第68页。

6 〔宋〕陈耆卿纂,徐三见点校:《嘉定赤城志》,北京:中国文史出版社,2004年,第35—36页。

7 〔宋〕欧阳修撰:《樊侯庙灾记》,见陈必祥编撰:《欧阳修散文选集》,上海:上海古籍出版社;三联书店(香港)有限公司,1997年,第31页。

8 〔宋〕朱熹撰:《晦庵先生朱文公文集》,见朱杰人等编:《朱子全书》第24册,上海:上海古籍出版社;合肥:安徽教育出版社,2010年,第3694页。

9 他维宏:《宋代州县学与地方社会研究》,山东大学博士学位论文,表6宋代地方官学策问一览表,2022年,第187页。

10 同6,第233—234页。

上蔡书院

1 〔清〕黄宗羲原著,〔清〕全祖望补修,陈金生、梁运华点校:《宋元学案(第二册)》,北京:中华书局,1986年,第161页。

2 〔宋〕叶适撰:《上蔡祠堂记》,见〔宋〕林表民、〔明〕谢铎辑,徐三见点校:《赤城集 赤城后集》,北京:中国文史出版社,2007年,第120页。

巾山过客

1 项士元纂,丁伋整理:《巾子山志》,北京:中国文史出版社,2005年,第1页。

2 〔宋〕赵与谭:《重建巾山翠微阁记》,同1,第116页。

东湖园林

1 〔清〕俞樾著,张道贵、丁凤麟标点:《春在堂随笔》,南京:江苏人民出版社,1984年,第93页。

2 〔宋〕陈耆卿纂,徐三见点校:《嘉定赤城志》,北京:中国文史出版社，2004年，第345—346页。

3 同2。

留学僧的好学校

1 释文峰总纂，任林豪、林别雨编著：《台州龙兴寺志》，上海：上海古籍出版社，2022年，第5页。

2 郝祥满：《奝然与宋初的中日佛法交流》，浙江大学博士学位论文，2006年，第183页。

3 ［日］成寻著：《参天台五台山记》，武汉：崇文书局，2022年，第28页。

4 〔宋〕陈耆卿纂，徐三见点校：《嘉定赤城志》，北京：中国文史出版社，2004年，第237页。

探秘梅浦窑

1 王海波：《台州窑的兴衰：临海馆藏台州窑瓷器考察》，《台州学院学报》2018年第2期，第23页。

2 任林豪、马曙明编著：《临海文物志》，北京：文物出版社，2005年，597页。

钱荒与纸币

1 〔宋〕包恢撰：《敝帚稿略》卷一《禁铜钱申省状》，文渊阁四库全书，第1178册，台北：台湾商务印书馆，1986年，第713页。

2 同1。

3 同1,第714页。

4 〔宋〕李心传撰:《建炎以来系年要录》,北京:中华书局,1956年,第3129页。

商人群体

1 周琦著:《一带一路——天台山与中外文化交流史》,北京:宗教文化出版社,2017年,第147页。

2 〔日〕藤原赖长:《宇槐记抄》,见陈翀著:《两宋时期汉籍东传日本论述稿》,杭州:浙江人民出版社,2021年,第372页。

3 薛豹、游彪:《赴日宋朝海商初探——以宁海周氏家族为中心》,《浙江学刊》2012年第4期,第26页。

4 〔元〕脱脱等撰:《宋史》,北京:中华书局,1977年,第4560页。

5 王霞著:《宋朝与高丽往来人员研究》,表4 赴高丽贸易宋商统计表,北京:中国社会科学出版社,2018年,第103—105页。

6 〔宋〕吴自牧著:《梦粱录》,杭州:浙江人民出版社,1984年,第111页。

7 〔宋〕梅应发、刘锡撰,宁波市地方志编纂委员会编:《开庆四明续志》,宁波:宁波出版社,2011年,第259—260页。

购物指南

1 〔梁〕陶弘景编,尚志钧、尚元胜辑校:《本草经集注(辑校本)》,北京:人民卫生出版社,1994年,第321页。
2 〔宋〕熊守克:《劝农十首(其八)》,见〔宋〕陈耆卿纂,徐三见点校:《嘉定赤城志》:北京:中国文史出版社,2004年,第548页。

福利制度

1 〔宋〕陈耆卿纂,徐三见点校:《嘉定赤城志》,北京:中国文史出版社,2004年,第52页。
2 同1。
3 同1。

城市保卫战

1 〔宋〕朱熹撰:《义灵庙碑》,见〔宋〕林表民、〔明〕谢铎辑,徐三见点校:《赤城集 赤城后集》,北京:中国文史出版社,2007年,第133页。
2 〔宋〕陈耆卿纂,徐三见点校:《嘉定赤城志》,北京:中国文史出版社,2004年,第286页。
3 〔元〕脱脱等撰:《宋史》,北京:中华书局,1977年,第4644页。
4 根据《嘉定赤城志》卷十八《军防门》各军营实管人数统计推测。

同2，第286—288页。

5 〔宋〕游九言撰：《默斋遗稿》，文渊阁四库全书，第1178册，台北：台湾商务印书馆，1986年，第369页。

6 同5。

7 同1。

假如你穿越回南宋的台州城

1 〔宋〕陈耆卿纂，徐三见点校：《嘉定赤城志》，北京：中国文史出版社，2004年，第528—532页。

2 同1，第521页。

3 〔清〕徐松撰，刘琳、刁忠民、舒大刚、尹波等校点：《宋会要辑稿》，上海：上海古籍出版社，2014年，第9480页。

4 〔日〕成寻著：《参天台五台山记》，武汉：崇文书局，2022年，第15页。

读史记

宋高宗驻跸金鳌山

1 〔元〕陶宗仪撰，李梦生校点：《南村辍耕录》，上海：上海古籍出版社，2012年，第73页。

2 〔宋〕徐梦莘撰：《三朝北盟会编》，上海：上海古籍出版社，1987年，第987页。

3 〔宋〕文天祥著：《文天祥全集》，北京：中国书店，1985年，第312页。

钱王铁券的时光漂流

1 〔宋〕司马光编著，〔元〕胡三省音注：《资治通鉴》，北京：中华书局，2013年，第334页。
2 〔宋〕陆游著：《陆放翁全集》，北京：中国书店，1986年，第190—191页。
3 钱汉东：《武肃王铁券金书考略》，《东方收藏》2018年第12期，第96页。

朱熹弹劾唐仲友，背后水很深

1 〔明〕凌濛初著，章培恒整理，王古鲁注释：《二刻拍案惊奇》，上海：上海古籍出版社，1983年，第254页。
2 束景南著：《朱熹年谱长编》，上海：华东师范大学出版社，2001年，第397页。
3 〔宋〕张淏纂修：《宝庆会稽续志》卷第二《提刑题名》，见中华书局编辑部编：《宋元方志丛刊》第七册，北京：中华书局，1990年，第7111页。
4 原句为："唐谓公尚不识字，如何作监司？"〔宋〕周密撰，张茂鹏点校：《齐东野语》，北京：中华书局，1983年，第323页。
5 同4，第376页。

6 王国维撰,黄霖等导读:《人间词话》,上海:上海古籍出版社,1998年,第25—26页。

7 〔宋〕朱熹撰:《按知台州唐仲友第一状》,见李致忠:《历史上朱熹弹劾唐仲友公案》,《版本目录学研究》第二辑,北京:国家图书馆出版社,2010年,第461页。

8 〔宋〕朱熹撰:《按唐仲友第二状》,同7,第462页。

9 〔宋〕朱熹撰:《按唐仲友第四状》,同7,第469—470页。

10 〔宋〕朱熹撰:《按唐仲友第六状》,同7,第479页。

11 〔宋〕朱熹撰:《按唐仲友第三状》,同7,第463页。

12 〔宋〕朱熹撰:《按唐仲友第六状》,同7,第480页。

13 〔宋〕朱熹撰:《按唐仲友第六状》,同7,第481页。

14 〔宋〕朱熹撰:《按唐仲友第四状》,同7,第470页。

15 同1,第252页。

16 〔清〕徐松撰,刘琳、刁忠民、舒大刚、尹波等校点:《宋会要辑稿》,上海:上海古籍出版社,2014年,第3315—3316页。

17 同14。

18 同14。

19 〔宋〕朱熹撰:《按唐仲友第三状》,同7,第468页。

20 〔宋〕朱熹撰:《按唐仲友第五状》,同7,第476页。

21 〔宋〕朱熹撰:《乞罢黜状》,同7,第477页。

22 同20。

23 〔宋〕叶绍翁撰,沈锡麟、冯惠民点校:《四朝闻见录》,北京：中华书局，1989年，第47—48页。

24 束景南著：《朱熹年谱长编》，上海：华东师范大学出版社，2001年，第749页。

25 《续金华丛书·说斋文钞补》，转引自张继定、毛策：《唐仲友之悲剧及其成因略考》，《浙江社会科学》2005年第5期，第148页。

26 〔元〕脱脱等撰：《宋史》，北京：中华书局，1977年，第12035页。

27 〔宋〕李心传辑，朱军点校：《道命录》，上海：上海古籍出版社，2016年，第85页。

《嘉定赤城志》中的宋朝趣事

1 〔清〕冯镇峦撰：《读聊斋杂说》，见〔清〕蒲松龄撰，张友鹤辑校：《聊斋志异会校会注会评本》，上海：上海古籍出版社，1978年，《各本序跋题辞》第9页。

2 〔宋〕陈耆卿纂，徐三见点校：《嘉定赤城志》，北京：中国文史出版社，2004年，第557—558页。

《夷坚志》里的台州故事

1 〔宋〕洪迈撰，孔凡礼点校：《容斋随笔》，北京：中华书局，2015年，第161页。

2 〔宋〕洪迈撰，何卓点校：《夷坚志》，北京：中华书局，1981

年，第185页。

3 同2，第36—37页。

4 同2，第37页。

5 同2，第37—38页。

6 同2，第317页。

7 同2，第1094—1095页。

读人记

知州

1 卢如平主编：《历代台州知府传略》，杭州：浙江大学出版社，2017年，第59页。

2 〔宋〕欧阳修撰，〔宋〕徐无党注：《新五代史》，北京：中华书局，2015年，第950页。

3 〔宋〕陈耆卿纂，徐三见点校：《嘉定赤城志》，北京：中国文史出版社，2004年，第36页。

4 〔元〕脱脱等撰：《宋史》，北京：中华书局，1977年，第10906页。

5 同1，第104页。

6 同3，第549页。

侨寓名贤

1 〔宋〕陈耆卿纂，徐三见点校：《嘉定赤城志》，北京：中国文史出版社，2004年，第552页。

2 同1。

3 同1。

4 同1，第553页。

5 同1，第554页。

6 〔明〕王士性撰，朱汝略点校：《王士性集上》，杭州：浙江古籍出版社，2013年，第299页。

7 同1，第534页。

状元郎

1 〔宋〕徐梦莘纂：《三朝北盟会编》，上海：上海古籍出版社，1987年，第278页。

2 〔清〕喻长霖等编纂，胡正武、徐三见、李建军、楼波点校：《台州府志（八）》，上海：上海古籍出版社，2015年，第4430—4431页。

3 〔宋〕李昂英：《李忠简公文溪存稿》，《宋集珍本丛刊》第85册，北京：线装书局，2004年，第549页。

4 曾枣庄、刘琳主编：《全宋文》第297册，上海：上海辞书出版社，2006年，第364页。

5 〔清〕毕沅著，谌东飚等点校：《续资治通鉴》第三册，北京：团结出版社，1996年，第2591页。

6 〔宋〕陈耆卿纂，徐三见点校：《嘉定赤城志》，北京：中国文史出版社，2004年，第487—488页。

藏书家

1 宿白著：《唐宋时期的雕版印刷》，北京：文物出版社，1999年，第86页。

2 张明君著：《台州藏书史》，上海：上海古籍出版社，2016年，第36—37页。

3 〔元〕戴表元撰：《剡源集》，北京：中华书局，1985年，第362页。

4 〔宋〕吴子良撰：《康吉堂记》，见〔宋〕林表民、〔明〕谢铎辑，徐三见点校：《赤城集 赤城后集》，北京：中国文史出版社，2007年，第229页。

紫阳真人与《悟真篇》

1 〔清〕戚学标撰：《台州外书》卷三十《古迹志一》，见临海徐三见名家工作室校注：《清戚学标台州史事杂著三种》，长春：吉林文史出版社，2017年，第127页。

2 郑为一：《张伯端籍贯考辨的几个关键问题》，《宗教学研究》2013年第4期，第39页。

3 〔宋〕张伯端著：《悟真篇集释》，北京：中央编译出版社，

2015 年，第 11 页。

4 〔清〕洪若皋撰：《康熙临海县志》，台湾：成文出版社，1983 年，第 925 页。

陈克的柔与刚

1 〔宋〕蔡挺撰：《喜迁莺》，见〔宋〕黄升选编，杨万里点校、集评：《花庵词选》，上海：上海古籍出版社，2019 年，第 139 页。

2 〔宋〕陈振孙撰，徐小蛮、顾美华点校：《直斋书录解题》，上海：上海古籍出版社，1987 年，第 620 页。

3 原句为："吕安老非驭将之才，子高诗人，善文章，非国士也。淮西诸军互有纷纷之论，是行也，危矣哉。"见〔宋〕李心传撰：《建炎以来系年要录》，北京：中华书局，1956 年，第 1806 页。

4 同 3，第 1846 页。

陈良翰与陈骙

1 原句为："无术，第公此心如虚堂悬镜耳。"见〔元〕脱脱等撰：《宋史》，北京：中华书局，1977 年，第 11889 页。

2 同 1，第 11891 页。

3 同 1，第 12017 页。

4 〔元〕李心传撰：《建炎以来系年要录》，北京：中华书局，1956

年，第1846页。

二徐先生

1 〔清〕黄宗羲原著，〔清〕全祖望补修，陈金生、梁运华点校：《宋元学案》第一册，北京：中华书局，1986年，第47页。
2 原句为："人而无行，与禽兽等。"见〔元〕脱脱等撰：《宋史》，北京：中华书局，1977年，第13458页。
3 原句为："今日岂歌颂时耶？"同2。
4 同2。
5 〔清〕王棻撰：《台学统》，上海：上海古籍出版社，2016年，第97页。

朱熹与台州

1 〔宋〕朱熹撰：《朱文公文集》卷十八《奏巡历至台州奉行事件状》，四部丛刊初编集部，第265页。
2 〔宋〕朱熹撰：《朱文公文集》卷四十二《答石子重》，四部丛刊初编集部，第713页。

唐仲友造桥刻书

1 原句为："以寸拟丈，刨木样置水池中。节水以桶，效潮进退，观者开谕，然后赋役。"〔宋〕唐仲友撰：《新建中津桥碑》，见〔宋〕林表民、〔明〕谢铎辑，徐三见点校：《赤城集 赤城后集》，北京：中国文史出版社，2007年，第193页。

2 王菡：《唐仲友刻书今存》，《中国典籍与文化》2007年第3期，第56页。

陈耆卿与《嘉定赤城志》

1 原句为："闻所著述，有曰《习学记言》者，天下学子争师诵之，期与古圣贤同一不朽，而耆卿则未也。今日之来，惟提耳以告焉。"见〔宋〕陈耆卿撰，曹莉亚校点：《陈耆卿集》，杭州：浙江大学出版社，2010年，第45页。

2 〔宋〕叶适撰：《水心先生文集》卷七《送陈寿光》，四部丛刊初编集部，第88页。

3 原句为："吾向以语吕公伯恭，今以语寿老。"〔宋〕吴子良撰：《筼窗续集序》，见〔宋〕林表民、〔明〕谢铎辑，徐三见点校：《赤城集 赤城后集》，北京：中国文史出版社，2007年，第265页。

4 同1，第153页。

5 〔宋〕陈耆卿纂，徐三见点校：《嘉定赤城志》，北京：中国文史出版社，2004年，第46页。

赵汝适与《诸蕃志》

1 〔宋〕王象之编著，赵一生点校：《舆地纪胜》第九册，杭州：浙江古籍出版社，2012年，第2960页。

2 〔清〕黄以周：《续资治通鉴长编拾补》卷五，见〔清〕黄式三、〔清〕黄以周著，詹亚园、张涅主编：《黄式三黄以周合集》第十二册，上海：上海古籍出版社，2014年，第229页。

3 〔清〕徐松撰，刘琳、刁忠民、舒大刚、尹波等校点：《宋会要辑稿》，上海：上海古籍出版社，2014年，第4213—4214页。

4 〔宋〕赵汝适原著，杨博文校释：《诸蕃志校释》，北京：中华书局，1996年，第54页。

5 同4，第144页。

6 〔清〕纪昀总纂：《四库全书总目提要》，石家庄：河北人民出版社，2000年，第1912—1913页。

7 吴维棠：《赵汝适的生平及其〈诸蕃志〉》，《浙江学刊》1995年第5期，第121页。

平民宰相谢深甫

1 〔元〕脱脱等撰：《宋史》，北京：中华书局，1977年，第12038页。

2 〔宋〕洪迈撰，何卓点校：《夷坚志》，北京：中华书局，1981年，第951—952页。

3 〔明〕田汝成撰：《西湖游览志余》，杭州：浙江人民出版社，1980年，第353页。

4 原句为："岁饥，有死道旁者，一妪哭诉曰：'吾儿也。佣于某家，遭掠而毙。'深甫疑焉，徐廉得妪子他所，召妪出示之，妪惊伏曰：'某与某有隙，赂我使诬告耳。'"同 1。

5 〔宋〕楼钥撰：《攻瑰集》卷四十三，钦定四库全书，第 9 页。

6 原句为："京尹宽则废法，猛则厉民，独卿为政得宽猛之中。"同 1，第 12040 页。

7 〔宋〕楼钥撰：《攻瑰集》卷三十八，钦定四库全书，第 12 页。

8 〔宋〕楼钥撰：《攻瑰集》卷四十，钦定四库全书，第 21 页。

9 原句为："今佗胄蓦越五官而转遥郡，侥幸一启，攀援踵至，将何以拒之？请罢其命。"同 1，第 12039 页。

10 原句为："朱元晦、蔡季通不过自相与讲明其学耳，果有何罪乎？余嚞虮虱臣，乃敢狂妄如此，当相与奏知行遣，以厉其余。"同 1，第 12041 页。

11 陈卫兰：《谢深甫与〈庆元条法事类〉——兼谈谢深甫在文化史上的贡献》，《台州学院学报》2013 年第 2 期，第 35 页。

谢道清的故国与故乡

1 〔元〕脱脱等撰：《宋史》，北京：中华书局，1977 年，第 8658—8659 页。

2 同 1，第 8659 页。

杨栋墓与延恩寺

1 〔元〕脱脱等撰：《宋史》，北京：中华书局，1977 年，第 12603 页。

2 同1,第12587页。

3 〔宋〕陈耆卿纂,徐三见点校:《嘉定赤城志》,北京:中国文史出版社,2004年,第240页。

4 〔宋〕杨汲撰:《宋少保观文殿学士杨公圹志》。

图书在版编目（CIP）数据

大宋台州城 / 吴世渊著 . -- 杭州：浙江古籍出版社，2025.3. -- ISBN 978-7-5540-3175-9

Ⅰ . K295.54

中国国家版本馆 CIP 数据核字第 2024BG6832 号

大宋台州城

吴世渊　著

出版发行	浙江古籍出版社
	（杭州市环城北路 177 号　电话：0571-85068292）
网　　址	https://zjgj.zjcbcm.com
责任编辑	姚　露
文字编辑	余梓溦
责任校对	吴颖胤
责任印务	楼浩凯
设计制作	浙江艺阁文化传媒集团有限公司
印　　刷	浙江海虹彩色印务有限公司
开　　本	787mm×1092mm　1/32
印　　张	10
字　　数	160 千字
版　　次	2025 年 3 月第 1 版
印　　次	2025 年 3 月第 1 次印刷
书　　号	ISBN 978-7-5540-3175-9
定　　价	88.00 元

如发现印装质量问题，影响阅读，请与本社市场营销部联系调换。